寻找应试教育和素质教育的有机契合点

—— 一条农村学校的教育改革之路

王志勇◎著

天津出版传媒集团

天津人民出版社

图书在版编目(CIP)数据

寻找应试教育和素质教育的有机契合点：一条农村学校的教育改革之路 / 王志勇著. -- 天津：天津人民出版社, 2021.11
ISBN 978-7-201-17887-5

Ⅰ.①寻… Ⅱ.①王… Ⅲ.①农村学校-教育改革展-研究-中国 Ⅳ.①G725

中国版本图书馆 CIP 数据核字(2021)第 252325 号

寻找应试教育和素质教育的有机契合点：
一条农村学校的教育改革之路

XUNZHAO YINGSHI JIAOYU HE SUZHI JIAOYU DE YOUJI QIHE DIAN
YI TIAO NONGCUN XUEXIAO DE JIAOYU GAIGE ZHILU

出　　版	天津人民出版社
出 版 人	刘　庆
地　　址	天津市和平区西康路 35 号康岳大厦
邮政编码	300051
邮购电话	(022)23332469
电子信箱	reader@tjrmcbs.com

责任编辑	李　羚
装帧设计	领　姿

印　　刷	廊坊市海涛印刷有限公司
经　　销	新华书店
开　　本	787 毫米×1092 毫米　1/16
印　　张	16.5
字　　数	220 千字
版次印次	2021 年 11 月第 1 版　2021 年 11 月第 1 次印刷
定　　价	68.00 元

　　基础教育在学校层面进行的改革多数是教学方面的改革，而且，这些教学改革很多是基于提高教学效率的目的进行的，即基于提高学校的教学成绩，或者说学生的学习成绩的目的而进行的改革。从教育的初心或者说本源上来探究教育的真谛，并从国家富强和民族振兴的角度来思考和大胆尝试教育改革的农村教育工作者，还是为数不多的。乐陵市杨安镇小学的王志勇校长就是其中的一位。

　　与王校长的直接接触是在2017年5月，我慕名前往他当时所在的乐陵市寨头堡学区，对他所领导的农村学校正在进行的一系列教育改革进行考察和采访。与王校长的深入交流和实地采访所见，深深地感动并震撼着我。一位农村学校的校长，因为胸怀国家和民族大义而义无反顾地去践行素质教育，多年来以坚韧不拔的毅力坚持不懈地从学校管理、课堂教学、课程设置、校园文化、教师专业成长、家校共育以及文体德育活动等学校教育的多个方面全方位进行教育改革，并且成效卓著，实属罕见，也实在是难能可贵！当时，我只在《中国教育报》以《一场农村学校的课堂教学变革》为题用了7000字整版篇幅对王校长亲自领导的课堂教学改革——"问题引领，四步自学"课堂学习模式进行了全面报道。很遗憾，由于篇幅所限，其他方面的改革并没有报道。

今天，读了王志勇校长所著的《寻找应试教育与素质教育有机契合点——一条农村学校的教育改革之路》一书，我激动不已。本人觉得该著作有三大看点，值得读者品味与深思。

　　第一个看点是，作者对自己教育观念改变的整个过程的描述，或者说作者对自己下决心进行教育改革的原因的全面阐述和深入剖析非常值得品读。这就是本书的第一部分——"我对教育的再认识"。乍一看，这一部分好像与本书的关键词"教育改革"并没有太大关系，殊不知，这部分所讲的正是真正意义上的教育改革必经的第一步，也是最为关键的一步——思想观念的"改革"。思想是一切行动的指挥官，所以说，这部分内容的价值和意义甚至胜过后面所讲的具体改革方案和措施。王校长所写对他影响最大的一本书——陈之华的《芬兰教育全球第一的秘密》的内容，表面上看是一篇篇感悟和评论，实则是王校长对一系列教育问题的深入思考和研究，整本书的感受和评论就构成了他对一系列教育问题的反思和认知。对他影响最大的专家讲座——胡新懿的《以人为本，全面实施素质教育》，是从国家和社会发展的角度阐述了素质教育的意义和势在必行。对他影响最大的一系列事件，是从国民素质提高的角度阐述了进行教育改革和推行素质教育的必要性。大家都知道，改革，最难的是改变人的思想。如果改革者从思想上不认可这种改革，或者虽然认可但是并没有深刻的认识，只是迫于外力或者出于好奇而跟风，那么，这种改革基本上不会有什么结果，只会三分钟热度过后半途而废。即使勉强坚持几时，也只能像无头的苍蝇毫无目的地到处乱撞，最后无疾而终。作者教育观念改变的心路历程，即通过"两个一"使自己的思想改变的过程，向我们展示了他一如既往坚持不懈地进行教育改革的原因和动力。这首先告诉有志于进行教育改革的教育工作者，想要立志进行教育改革，首先要改变自己的思想观念。其次，也告诉大家改变思想观念的方式方法就是：读书、学习、观察、思考和实践。再次，启发所有真正有责任心、有担当的教育工作者，要深入思考和研究教育初心和本源问题。也就是，教育工作者要明白到底为什么要做教育和要做怎样的教育的问题。

第二个看点是，王校长创造性地提出的教育转型期教育改革的目标——"寻找应试教育与素质教育有机契合点"的观点。王校长认为，现在我们的教育正处于应试教育向素质教育发展的转型期，彻底改变应试教育现状，完全实行素质教育，眼前时机还不成熟，也不可能做到。然而，国家的富强和民族的未来需要的是素质教育。基于这个现状，解决问题的唯一办法就是在两者之间寻求一个有机契合点，找到一个既能提高学生应试成绩，又能提高孩子综合素质的途径。这就是王校长提出的教育教学改革的目标：在应试教育和素质教育之间寻求一个恰当的契合点。

第三个看点是，一所农村学校的校长，基于自己的教育情怀、理念和目标因地制宜地进行全方位教育改革的具体做法。王校长领导他的农村学校的老师们，在"学校应该成为孩子健康成长的乐园"这一教育理念的引领下，为达到"寻求应试教育和素质教育有机契合点"这一既定目标，进行了涉及学校教育方方面面的一系列教育改革。在明确的理念和目标引领下进行全方位教育改革，对于农村学校来说，是难能可贵的。不能不说，这种情况，对所有有志于搞好农村教育的校长们甚至城区学校的校长们有很大的激励和启示作用。

早在2005年，王校长便就教育改革进行了思考。

在一般人看来，他并不需要另起炉灶进行改革，因为他所在学校的教学成绩一直名列全县农村学校前茅。再改革，是不是多此一举，会不会因为改革而让全校学生的考试成绩下降？

可他是一位积极探索的校长，他胸怀国家富强和民族未来的大义，他思考的是教育的初心和真谛，他梦寐以求的理想教育是以孩子全面发展和健康快乐成长为目标的素质教育。他发现成绩之好的背后，是教师教得太累与学生学得太苦结下的外表虽美实则不佳的果子。于是，他要"让教育回家"，开始了第一阶段的教育改革：开全开齐课程，促进孩子德、智、体、美、劳全面发展。这对于当时的乡村小学来说，困难之大和非议之多，是可想而知的。可是，他顶住了压力，让教师之教与学生之学发生了很大变化。

在人们或赞叹或非议他的教育教学改革的时候，他自己却认为这还未必称得上真正的改革，只是刚刚起步而已。不过，开弓没有回头箭，尤其是初尝了改革的甘苦之后，改革的欲望便愈发强烈起来。此后的改革，就已不是在浅层次徘徊，而是有了更高的追求。

于是，就有了本书重点所写的六大系列教育改革。囿于篇幅，笔者不能对其全貌逐一评述，只是撮其主旨，略做介绍。

当时，全国有的学校已经拉开了课堂改革的序幕，且产生了一定的影响。可更多的学校，则处于观望甚至怀疑与反对的状态。

非常敏锐地感到课堂教学改革已是大势所趋，自己应当带领老师们投入这一改革的洪流之中。当时农村教育条件限制，如果依靠引进优秀教师与大量增设先进设备进军优质教育方阵，显然是毫无可能的。只有进行课堂教学改革，才可能让农村孩子品尝到优质教育的果实。

不少校长学习了某个成功的课堂教学改革典型学习之后，就将他们的经验原封不动地照搬过来，结果往往是改革的真经没取到，原来的教学之路也迷失了。而王校长绝对不是纯然的"拿来主义"，他既汲取改革名校之精华，更结合本校之实际，大胆创新，探索出了一条属于自己的课堂教学之路——"问题引领，四步自学"课堂学习模式。这样的课堂学习模式，不仅关注教师之教，更关注学生之学。他认为，每一个学生都具备自学能力，只不过一以贯之的教师之教，让学生变成了接受知识的容器，少了创新精神，也没有了自学能力。所以，只有改革，才能改变教师的教学方式与学生的学习方式。而没有教师教学方式的变革，就不可能有学生学习方式的变革。于是，"问题引领，四步自学"应运而生。王校长也终于在课堂教学上找到了应试教育和素质教育的有机契合点。

这样的改革既需要勇气，也需要智慧。改革的过程既有阵痛，也有喜悦。而当学生真正受益之后，课堂教学改革便有了持续的动力与发展的前景。

语文课堂教学的少、慢、差、费由来已久，可直到今天，真正解决这一问题者依然是"几希矣"。每册语文教材的文章只有二三十篇，语文教师多是就这些篇目讲来讲去，让学生听得昏昏欲睡。事实证明，学好语文，不是靠教师讲出来的，而是由学生大量阅读得来的。为此，王校长又开启了语文教学改革——语文大阅读课程化。

提起大阅读，一般人往往想到的是课外阅读，而王校长倡导的语文大阅读，是把阅读从课外扩大到课内，并将其课程化，打破了时间、空间、数量的限制，让学生的大量阅读变成现实。随着学生阅读量的逐渐增加，他们学习语文的兴趣也水涨船高。尽管教师讲得少了，可学生的考试成绩不降反升。更重要的是，他们养成了阅读的习惯，不但爱上了语文，而且将阅读的习惯继续向其未来的生命延伸，进而点亮其生命的前程。

为了深化校园文化的育人功能，王校长大胆进行校园文化课程化改革，把校园文化、传统文化和校本德育课程巧妙结合在一起。《论语》《二十四孝》和《五常、五美、五品》，这些中华传统文化的精华，都成为这一改革的重要载体。《论语》被作为五年级的校本德育课程。随着这项改革的开展，《论语》简约而美妙的语言和修身做人的道理，水到渠成地走进孩子们的心里。这不仅会对孩子学习语文大有助益，更会在其心里种下中华优秀文化和传统美德的种子，到了一定的生命节点上，便会破土而出，慢慢长成参天大树。

在课堂教学改革风起云涌之时，学校常规管理分层目标责任制也显现了巨大的魅力。

有些校长虽然尽心尽力工作，可由于事必躬亲，累虽累矣，可效率与效益却非常低下。其实，孔子早就说过："不在其位，不谋其政。"遗憾的是，有的校长不但谋了自己的政，也谋了副校长、主任甚至某些教师的政。

王校长的智慧在于，自己该谋之政一定谋好，之外便大胆放权，让人尽其才，各司其职。于是，大家有了被信任的感觉，工作起来越来越积极，干得越来越好，也越来越感受到来自校长的信赖与同事们的赞赏。

不只是副校长、主任与全体教师，学生也有了应谋之政。于是，他们的积极性被充分调动起来，各项工作便大见起色。更重要的是，学校常规管理分层目标责任制的落脚点就是学生，在学生人人参与学校管理的过程中，不但实现了"人人有事干，事事有人干"，而且培养出孩子们的责任心、集体荣誉感和担当意识，锻炼出独立谋事做事的能力，孩子们受益终生。这才是真正地为孩子的终生发展奠基。

要想做到人尽其责，就要职责分明，就要对应管理之事逐一细化。比如学校的车辆摆放，就有五条规定：①机动车和自行车各自都定点、规范、整齐摆放；②机动车与自行车存放时，车头一律朝外，且位于一条直线上；③所有学生自行车都在校园内摆放，不允许学生随意放置在校外；④不允许学生骑电动自行车；⑤外来任何车辆（包括机动车和自行车）不允许进入校园。这种精确到一砖一瓦的要求，也体现了这项改革所蕴含的精细化管理的精神。

在教育自己孩子的过程中，王校长茅塞顿开，"发明"了把老师请到家中的利器——家庭好孩子表，破解了大多数孩子只听老师的话，不服家长管教的难题。这项家校共育改革，使孩子们在家里变得自律、自觉、自爱，各种好习惯悄然养成，这一改革受到广大家长的认可、拥护和支持。

百年大计，教育为本；教育大计，教师为本。打造一支优质师资队伍是提高教育质量的保障。为此，王校长因地制宜地进行了教师专业成长的一系列改革——"周末茶座"、导师制青年教师成长计划、网络学习、教育博客、每周听评课、课题引领等等，每一项改革都凝聚着王校长的心血和智慧，每一项改革都脚踏实地，有声有色，效果喜人。

改革的目的不是否定人，而是激发人的主观能动性。所以，改革既要大刀阔斧，又要深得民心。而有的改革者，很难做到二者得兼，可王校长却做到了。这既需要坚定不移的改革意志，也需要相应的智慧谋略。走进师生之中，真正相信他们，与他们同舟共济，一起前行，当是结出这一丰硕之果的原因之一。

王志勇校长孜孜以求教育真谛，执着于推行素质教育，立志打造农村教育精品名校，他的教育改革之路一定会越走越宽，越走越远。因为他是一位真正顺应时代发展的有担当有良知的教育人。

陶继新

2021年5月18日于济南

第一部分

我对教育的再认识

第一章

影响我教育观念改变的两个"一"

一、对我影响最大的一本书——陈之华的《芬兰教育全球第一的秘密》

我们寨头堡中小学的教学成绩已经连续多年位居全市乡镇中小学前茅，我们以后的努力方向在哪里？寨头堡教育将走向何方？为了提高自己的教育管理水平，更为了找到我们寨头堡教育新的发展方向，我考取了浙江大学教育管理专业在职教育硕士研究生。但是，当拿到硕士学位证书时，我茫然了——我不知道证书的背后，自己到底在哪些方面有所提高，自己到底收获了什么？今后我要领导寨头堡教育走向哪里？我没有通过三年的学习找到答案。

此时，国内许多学校开始教育教学改革。为了学习他们的成功经验，我开始大量阅读有关国内名校教育改革的书籍。我先后阅读了像宋洪昌的《名校长对教育的再思考》、窦桂梅的《回到教育的原点》、陶继新的《衡水中学解码》、李镇西的《爱心与教育》等几十本有关国内教育教学改革的书籍，同时还阅读了像袁梦的《专家型教师的成长之路》等几十本有关教师专业成长的书籍。

有一次，无意中读了李希贵老师的《36天，我的美国教育之旅》，使我深受启发。为了了解和研究更多国家的教育现状，以期从发达国家的教育中获得启示，借他山之石攻玉。我又先后阅读了赵楠的《德国教育的美丽与哀愁》、于洪波的《日本教育的文化透视》、肖宪的《世界上最成功的教育——犹太教育启示录》、王学凤的《新加坡基础教育》、陈之华的《芬兰教育全球第一的秘密》、陶继新、老咪的《跨越中英两国的教育机制》等几十本书籍。

阅读大量有关国内教育改革和国外教育现状的书籍后，使我的教育观念发生了根本性变化，对教育有了全新的认知。其中，对我影响最大，使我感触最深的，是陈之华老师的《芬兰教育全球第一的秘密》，它确定了我对教育的基本认知，使我下定决心进行教育教学改革。

芬兰学校没有制服

芬兰的所有学校里的孩子都没有制服（校服），为什么呢？芬兰人回答的原因如下：

答案一：从来没有想过这个问题；

答案二：制服会丧失个性，穿上制服，就分不清谁是谁了；

答案三："请问，教育的根本是什么？是制服，还是学习？孩子平常有什么衣服就穿什么衣服，不就好了吗？"

答案四：与历史有关，"制服，是某种集体管制的象征，他只会引起我们对俄罗斯沙皇统治一百多年的不良历史观感，所以我们立国九十年来，从没有提倡过学校制服。"

作者总结的答案：不论是因为历史原因，或者是立国以来就崇尚自由、民主、独立、开明，或许都是芬兰没有制服的背景原因。芬兰的教育是免费的，如果穿制服，就要政府买单。钱要用在对教育有真正意义之处，有没有制服，与教育和学习成果真的无关。

是否穿制服，看似小事，实则不然。芬兰学校不让孩子穿制服，实际上是有其深层次的原因的，这就是教育理念和目标的问题。究其根本原因，我认为芬兰学校不让孩子穿制服，是基于培养孩子自由、民主、独立和开明的教育目标，其他原因也可能有，但都是次要的。

自由、民主、独立和开明无疑是正确的，也是人们所向往的。但是，任何事物都过犹不及，自由、民主、独立和开明也是这样的，如果过分强调了个人的自由、民主、独立和开明，必然会影响到其他人和集体的利益，从而反过来影响到每个人的利益。

任何事物都有两面性，学生不穿制服，利于培养自由、民主、独立和开明的素质，总体上来说好处多多；但是，穿制服也有穿制服的意义，那就是利于培养学生的集体意识和大局意识，让学生明白，在集体中生活，应该有统一的标准和要求，应该步调一致，这样集体活动才会有秩序，集体行动才会有效率。

既然穿与不穿制服都有利弊，那我们就应该尽量地趋利避害，不规定必须穿制服的同时，又让孩子有穿制服的机会，比如在周一升旗和各种大型活动时穿制服来发挥制服的作用。同时，芬兰学校没有制服的现象也启发我们，要给孩子穿自己喜欢的衣服的时间和空间，让孩子有时间享受穿漂亮衣服带来的愉悦和快乐，让孩子的校园生活因为能穿上自己喜欢而有个性的漂亮衣服而更加多姿多彩。

芬兰教育：先见林，再见树

作者所说芬兰教育的"先见林，再见树"体现在教育的两个方面，一是教育均衡，二是教育方式。

北欧国家早早认识到，必须对所有孩子施以平等和均衡的教育，一旦孩子跟不上学习，要从制度层面去照顾和鼓励，不能让孩子因为教育的不均衡和不平等而造成成年后的素质缺口，否则，即使再投入更多的资源改善，效果都有限了。

芬兰不但关注孩子们受教育的当下，更关注他们成年后的素质的平等和均衡的观念和做法，应该是芬兰教育成功的重要原因之一。由此，我想到了我们国家的教育均衡，我们国家在教育均衡方面也付出了巨大努力，并且取得了巨大成就。但是，我们的教育均衡还是比较粗线条的，还没有充分考虑到所有孩子的平等和均衡的发展，也没有完全做到城乡教育各方面的均衡。我们的教育均衡仍然在路上，还需付出更大努力。在这方面有必要参考和研究芬兰关于教育均衡的理念和做法。

芬兰教育"先见林再见树"的教育方式,体现在传授某种知识或者训练某种技能时,先激发孩子的学习兴趣,让孩子自己首先接触和感知这种知识和技能的基本框架,孩子在兴趣盎然地接触和了解过程中,自然而然地进入学习和训练状态,此时,老师再慢慢引导他们较为深入的学习和训练。

我们基本上是"先见树,再见林"的教育方式,值得反思。比如英语教学,还没有学英语的孩子大都对英语充满好奇与期待,但是,好多孩子一旦真正接触了英语,尤其是英语作为学科成为自己的必修课程后,就对英语逐渐甚至很快失去了学习兴趣。为什么?原因就是,老师没有利用好孩子们对英语感兴趣的兴奋点,没有从他们的兴趣入手给孩子们创造一个学习英语的氛围引领孩子们学习英语,而是从常规的英语考试题目入手去指导孩子们学习英语,这样的学习通常是枯燥无味的,从而使很多孩子迅速失去学习英语的兴趣。

然而,话又说回来,"先见林,再见树"的教育方式不是一句话就能解决的问题,还须教育者具备一定教育智慧,同时,更要理解并认同这种教育理念。改革最难的是改变人的思想,没有思想和理念的改变,任何一种教育方式的推行都会虎头蛇尾,无疾而终。

重视教育,百年如一日

这部分讲了以下的问题:

芬兰很早就开始重视教育。早在17世纪的典章中就规定,即将结婚的夫妻,必须都识字才能步入礼堂。

芬兰的平民大众与士绅、官员、教职人员一样享有平等受教、识字的权利,芬兰很早就开启了珍视人本、世代扎根的教育之旅。

教育在芬兰拥有很高的核心价值。当今芬兰在国家竞争力、国家清廉度、信息科技能力、教育成就等各项评比中成为全球瞩目的国家,实在不是仅凭借着森林与湖泊等天然资源,而是一直信仰唯有教育才能延续发展自己的民族生命力的理念。

扎实教改，成就了今天的芬兰教育

芬兰今日出色的教育制度，并非一步到位，而是经历了几个世代的讨论、革新和调整。

芬兰教育经历了一个从"统得过死"到"放得很开"的过程。一开始，中央行政机关对地方教育体制有严格的规定，对教学内容与目标施加了过多的管理。学校和教师没有教育教学自主权，包括教学内容和教学手段。当今，主管芬兰基础教育的全国教委会，只提供各个不同学科的教学目标和内容大方向，实际教学方式和教科书的选择则完全由各地方教育机构和各级学校自行决定，这样的方式更有弹性、更自由，扩大和深化了教师参与教学规划的热忱和自信，一线教师成为课程内容的主导者。

芬兰经历几个世代的变革才成就出色教育体制的事实，让我欣慰地感到，我们教育的春天在前面等着我们呢，不能着急，经历坎坷是必然的。但同时也说明，只有面对现实，采取积极扎实的态度进行改革，才可能成功。比如，我们已经推行了二三十年的素质教育，为此，也出台了许多要求和规定。然而，时至今日，从小学到初中、高中，应试教育的氛围仍然异常浓烈。为什么呢？归根结底是大学凭借考试分数录取学生的高考方式造成的。不管如何倡导和要求中小学要搞素质教育，大学录取学生最终还是只看高考时纸上呈现的分数。诚然，高考方式的改革是困难和复杂的，但是，无论如何，应试教育的高考方式不改变，那么，素质教育就难以真正推行，这是不争的事实。

那么，教育到底该统起来，还是放出去呢？从芬兰教育的成功经验看，在一定程度上放开还是很有必要的。教育的培养目标和各学段的科目必须有明确的规定，至于教学过程和方法，还是提倡各学校和老师们各显其能的好。这里，我更想讨论的是教育行政部门对学校的管理应该事无巨细，作"大到边、小到沿"的规定，让学校完全照着做就行了；还是只做一个目标和纲领的要求，具体实施让各学校去自由发挥呢？凭我多年任校长的感受，我觉得，可以采取两种方式。一是，对不同层次的学校，应该有不同的要求。对于管理水平较高，有自己的教育和管理理念的学校，可以放开，充分调动其积极主动性，发挥他们的聪明才智，让学校做出自己的特色；对管理水平一般的学校，可以统起来，让他们按照要求去做就好了。因为，如果放开，他们可能也没有自己的思路，于是更感到茫然，感到无从下手。可以对全体学校提出明确的目标，也给出一个明确具体的建议和实施细节的要求。目标必须达到，具体实施细节由大家自选，可以按给出的实施细节去做，也可以按自己的思路去做，给大家一个自由的选择空间。这样，哪种类型的学校都有选择的余地和发展的方向。

全世界落差最小的教育体制

"世界上落差最小"的教育体制的成就，让芬兰举世惊艳！这个"最小"表现在：

一、从2000年起，芬兰就跃升为国际媒体和全球教育工作者的目光焦点，原因就在于芬兰学生的整体表现太出色了。不仅在阅读、解决问题的能力项目上的评比排行高居不下，在数学、自然科学等项目，也和数理能力比较强的亚洲学生旗鼓相当。

二、均衡的教学效果，不仅让学生得以在"人文"和"数理"两大范畴之间正常切换，还显示出城乡教育资源的差异相当之小。

芬兰教育是这么做的：

一、芬兰没有资优班，孩子满七岁才入学，学校没有制服、没有督学、毫不标榜精英培养、考试次数不多、学校不排名、老师不做绩效考核。

二、芬兰孩子喜欢看电影、电视剧，喜欢听的流行歌曲，以及在他们中风靡的流行服饰、电玩、网络等等，都跟得上世界的最新潮流。然而，世界各国教育体系和师生群体所拥有的多种焦虑，在芬兰都归于最根本的人性化思维，以行之自然、不疾不徐的基本理念贯穿整个基础教育。

三、在芬兰教育中，学校与学校不会去做无谓的"竞争""排名"，学生与学生，教师与教师，更不会做原本起跑点就不公平的较劲儿；所有的评估与考试，都是为了让学生知道从哪里去改进，提供日后成长的基础与学习能力进步的空间。 OECD（经济合作与发展组织）派驻巴黎官员史来瑟先生说："多数国家的教育就像是汽车工厂；但是在芬兰，老师却像是真正在开拓的创业家。"

我想，芬兰全世界落差最小的教育机制，应该成为世界其他国家教育的目标。无论是学校、教师还是学生之间，没有竞争和评比，评估和考核完全是为了教育工作的改进。芬兰教育的做法和日常表现，也应该是世界各国人民，包括校长、教师、学生和家长，所无限向往的理想的教育状态。我想，这才是教育应该有的状态吧，所有的学校和老师真正只为所有孩子的全面发展而工作，所有的学生都沐浴在教师阳光雨露般的教育中健康快乐地成长，教育的目标就是为了使受教育者的生活更加幸福。

芬兰教育最可贵之处

1.老师有很大的自主权。当学校老师觉得自己拥有改变社会的能力和参与感，整个教育体系就会有向上提升的动力。

2.芬兰教育几十年前就选择回归教育的基本面，不鼓励、不强调学生从小就与人争，而是去启发、协助每个孩子找到自己的生命价值，同时建立可以一生追寻的正面学习心态。

3.芬兰建立了水准一致、免学费，以及配属特殊辅导的教育体制。这些平等、均衡、高品质等林林总总的因素，一起构成了芬兰各级学校之间差距小的关键。

4.老师的养成训练，包括了解每个学生的差别，与这些差别所产生的学习需求；教师的教育责任不是照本宣科上完课就好，而是以同理心爱护照顾个别孩子，如此一来，社会才能有消弭学习落差的机会。

5.老师尊重每一个孩子，认识到学生的理解进程本来就不尽相同，把同一课程学习进度不同的孩子弹性编成不同授课班组，以因材施教的方式鼓励学生按照自身学习能力，一起迈向最终学习成果的目标。

6.老师把学生应该建立起来的阅读习惯、数理解析能力、日常生活技能等等，在课堂和各种多元的课程里，有系统地让学生有兴趣地了解和认识。着重理解和探索原理，希望孩子通过教育，知道大部分知识的源起，学会问"为什么"。

7.芬兰人深信，基础最重要。因此，他们花费许多精力在基础教育上，尽量让跟不上进度的孩子都能有额外的辅导、关怀和资源投入。

8.整个芬兰社会对教育的观念都已改变了，因为，唯有思想进步，才能创造出新的价值。

说实话，以上的教学目标，每一点都让我心潮澎湃。因为，这才是教育应该有的样子，也是教育本来的样子，是人们向往的教育的状态！

每个老师都发自内心主动地倾其所有地去教育、引导和关爱每一个孩子，为每一个孩子的健康成长而努力。这不是所有管理者和被管理者双方都向往的状态吗？

不鼓励学生去与别人竞争，而是引导、帮助每个孩子发现自己的长处，找到自己的生命价值所在，帮助每个孩子成为最好的自己。不难为别人，更不难为自己，而是想办法让大家一起成长，共同走向美好的明天！

最大限度地做到全国各地教育的平等和均衡，让优秀的教师不集中分布在某处。芬兰的这一做法又让我感慨万千了！我国现在正在全力推进城乡教育均衡化工作，并取得了巨大成就。但是，我们前期着重在教育硬件建设上的均衡，在师资配备方面城乡之间仍存在较大的差异。

芬兰教育真正尊重、关心每一个孩子，从而去全面了解每一个孩子。承认差别，并对学习能力较差的孩子施以更大的关爱和特殊的教育，让他们和其他孩子一起健康成长。尽力去消除孩子们之间学习力的落差，真正实现所有孩子的均衡发展。

把因各种因素造成的同一学科进度不同的学生编在不同班级授课，这是最为有效的因材施教。这种教育教学方式，值得所有教育体制下的学校学习，不管是素质教育还是应试教育。因为，这是大面积提高学生成绩的非常有效的教学方法。这种方法，国内有的学校也在进行尝试。

不进行强化训练，而是通过激发兴趣和多元课程来培养孩子的阅读习惯、数理解析能力和生活技能，引导学生多问"为什么"，这才是真正的素质教育的教学方法。真正的素质教育不是喊出来的，是做出来的。只有以提高学生整体的基本素养和基本能力为主要目标的教育才是素质教育，通过大量刷题来提高学生应试能力为主要目标的教育，再怎么说也是应试教育。应试教育培养出来的孩子，应对考试是能手，但在创新和创造上是很难有所成就的。

整个芬兰社会的教育观念都发生了改变，是芬兰教育成功的前提。改革最难的是改变人的思想，人的思想不改变，行动是难以发生根本性改变的。因此，也就难以取得显著的效果和巨大的成功。还是说素质教育，当全社会都对素质教育有了深刻的理解并认可以后，它才可能被真正推行，否则，只能是一句口号。

工作时数少，上课时数也少

2008年2月，美国《华尔街日报》拍摄的一部短片显示了美国与芬兰中学生的学习成果差距。芬兰中学生成绩高低落差只有4.7%，美国是芬兰的6倍，高达29.1%，英国是23.5%，澳洲是19.8%，泰国是25.6%、墨西哥是25.5%。

芬兰有如此小的落差，是否表示芬兰的学生课业负担很重？学习压力很大呢？实际情况是，芬兰中小学的上课时数是OECD评比成员中相当少的。芬兰中学授课时数为每周30小时到35小时，学生从不上晚自习，周末从不上课。从没有三天一大考、两天一小考，暑假也长达两个半月。

芬兰教育预算与别国相比，不是最高的，上课时数也是相对最少的，但却能以平衡、平等、学生压力小等成就，在国际社会评比中表现得如此突出和亮眼。为什么呢？我想，答案基本就是上一节所说的"芬兰教育最可贵之处"的那八个方面吧。

芬兰式的自我管理

北欧的孩子，因为外在环境、社会和教育的关系，显得格外独立自主。芬兰学生上课和下课通常没有固定的时间。但是，孩子们都清楚地记得自己每天的作息，从不耽误事。这种情况下，不自觉地奠定了孩子们自我管控时间和行程的能力。

信任，是芬兰教育的核心价值。芬兰社会与教育不采用"防制"的管理法则，而是选择相互尊重和相互信任为教育的开始。

"信任源于自我管理"，这是芬兰教育体制中的一项基本概念。这项概念的基础，源于芬兰教育体制中"应该给予孩子什么样教育"的思考——是学会书本的信息就好，还是要学会独立与发展出自我想法，更能进一步发展出自主搜寻、汇整信息、研讨运用的能力呢？

芬兰教育体制专注于孩子终身学习的能力，而唯有与生活教育充分结合的学校教育，才能让孩子有一永续学习的基础。尊重孩子的独立性，就能赋予他们责任。让孩子有发挥的空间，孩子就能独立思考，也就能在日后展现出自我学习的能力。只有发展出持续学习的动力和热情，学习成果才会强大、丰硕，而且不断地延伸。

芬兰教育在这几十年与时俱进的不断自我改革中，被证实是经得起时间考验的人文瑰宝。

芬兰教育委员会认为，所有的学习动力都来自个人的成就感，这其中当然包括教师。芬兰教师有充分的教育自由度和课程自主权，可以自行决定教材与教学的内容和进度。老师有参与感和决定权，从而激发出更强的教学动力和热忱。

这种模式同样也贯彻在孩子们身上。学生经由实践、参与、讨论、找数据、互相分组与学习，不知不觉就启动了学习的动力与寻找事物本质的兴趣。

孩子需要自我管控的机会，每个人早晚都要步入社会，都要独立面对人生，独立自主和自我管控的能力是每个人都必须具备的。教育应该把它设定为目标之一，为孩子今后走稳人生路打下基础。反观我们的教育，在这方面做得怎么样呢？是远远不够的，原因是我们没有重视这项能力。家长、学校都没有认识到这件事的重要性。孩子在家里依赖父母，在学校依赖老师，学校和家长都没有有意识地给予孩子锻炼和培养独立自主和自我把控能力的机会。

为什么芬兰把信任作为教育的核心价值呢？因为，信任是人与人之间和谐、真诚、快乐相处的基础，没有了信任，就不会有和谐的人际关系的存在。当一个人被信任时，就会产生不辜负这份信任、按对方希望的方向去做的责任感和意识，这就是诚信。从宏观上说，诚信是建立和谐社会的基础。如果整个社会的人们都具备诚信的品质，无论是个体还是集体，都把诚信作为自己的核心品质，那么，这个社会就是一个充满真诚和善良的社会，就不会有假冒伪劣产品的出现，就不会有坑蒙拐骗的行为，就不会有损人利己的现象。我国也把诚信作为我们社会主义核心价值观之一，原因也在于此。

信任为什么源于自我管理呢？因为，老师或者家长放心大胆地让孩子独立自主地自我管理，就是对他们的信任，孩子们会明确地感受到来自对方的信任，并且会在这种信任的激励下尽力完成任务，久而久之，信任的价值观就建立起来了。如果对孩子们时时处处不放心，不断地指手画脚，事事限制，不舍得他们独立做事，不放心他们自我管理，那么孩子们感受到的就是不被信任，长此以往，信任的价值观是很难建立起来的。而且，学生的独立自主和自我管理，是培养他们的创新意识、创新思维和创新能力的主要途径。反思我们的教育，我们是否真正做到了孩子们的自我管理呢？

芬兰教育专注于孩子终生学习的能力。如果一个人具有终生学习的愿望和能力，并且付诸实际行动，那么这个人一生都处于持续发展的状态，自身价值也会一直处于保值甚至增值的状态中。

学习动力来自个人成就感，个人成就感应该来自于独立自主和自我管理。芬兰教师有充分的教育自由度和课程自主权，学生有充分的学习自由度和自我管理空间，这种充分的信任，激发出教师和学生极大的工作热情和学习的积极主动性，这种情况下，求异创新的思维、习惯和能力的养成就是自然而然的了！

老师一样好：不用评比

这一节，我不想做任何评论了，只想原文摘录，因为，我觉得字字写到我心里，句句都让我感同身受，极度认可。原文摘录，就非常准确地表达了我的观点和心声，比我自己做评论更准确！

芬兰教育另一项最可贵之处，就是尽可能地不比较、不评分，对学生和老师都一样。教育机构的官员们说："我们的老师，都是一样好！"

为什么老师一样好？所谓老师一样好，就是在其养成教育中，拥有完整的教学能力训练。芬兰基础教育体系的教师，不仅拥有硕士学位，更在其教育领域学习中，发展出教学、研究与思考的多轨能力。

为什么不评比？他们相信评比和评分会造成不必要的影响、扭曲与竞争，反而丧失了鼓励老师们自我充实、进修的本质与意义。而且，每个班级，每个孩子的状况都不尽相同，老师既然不能选择学生，就不需要强力去凸显自己的"教学成果"，再说，成果又如何能具体地被评估呢？

"平等、品质、公平"是芬兰教育中不断强调的。人人都应赋予相同的机会，但从不强调要赢在起跑线上！因为那只是百米冲刺，而不是真实人生的马拉松；况且，谁要是在马拉松的起跑线上就争先要赢，那通常是最后的输家。

主管教育行政的机关，不做起跑线不公平的评鉴，而给予参与教育的校长、老师和学生同等的学习成长与动力养成，一起依照全国教育核心课程纲要，自行订立自己的教学目标和希望达成的效果，无形中反而更符合人性的平衡价值。

芬兰教师的教学成果和是否适任等疑问，就没有任何评估方式吗？当然有。一是，在老师自行制定出教学目标、教学方法和具体措施，及总结上一年度的成败得失后，校长会与之一起讨论好几回，在讨论中，让老师自己找到生涯规划的真谛，找到自我成长的动力。二是，老师会不断收到不同意见与满意度数据，这些让老师们对校方、家长和学生等各方面反应有全盘的了解和反思，也知道自己教学方法和内容会引起怎样的效果和回响。而不是单一地分成"甲等""乙等"，或者依据人数比例分配绩效考核。

教师，芬兰高中生的首选职业

教师，是芬兰高中生的首选职业，为什么呢？

教师在芬兰的确是相当受尊敬的职业。于韦斯屈莱大学教育研究院院长瓦利亚维教授说："和世界上许多国家相较之下，芬兰教师的社会地位与影响力是很高的。教师在许多欧洲国家，其实是被视为偏于技术学的专才，但是在芬兰，教师的专业却足以与律师和医师相提并论。除此以外，我们的社会也赋予了教师们相当高的期许和社会责任。"

虽然在芬兰，基础教育教师薪资还远比不上律师和医生，但芬兰社会普遍认为，教师是一份有尊严、有自主权，而且很有人生价值的工作。2007年9月，库佛能博士在芬兰国家教委会专为日本教育界举办的芬兰教育研讨会上说："教师在芬兰一直有着承担社会心智启蒙的重要责任，因为自从芬兰独立后，芬兰人知道唯有靠教育，才能走出一条自己的康庄大道，并完全独立于两大强邻之间。"芬兰的教育工作者，百年来就这样和整个国家民族的存续发展紧紧牵系着；芬兰的确也在整个教育改革路途中，扎实地让教师发挥所长，并创造其专业地位，使社会对教师刮目相看。

简而言之，芬兰凭借着教育崛起并使自己的国力日盛，国际地位也愈来愈高。因此，国家和国民都非常重视教育，也非常尊敬教师。所以，教师这个职业才成为芬兰高中生的职业首选。

细思，哪个国家的长远发展，尤其是在当今世界和未来世界，能够离得开教育呢？未来世界国力的竞争，实际上就是科技的竞争和国民整体素质的竞争，而这两样，恰恰都来自教育。也就是说，未来世界的竞争，实际上就是教育的竞争，而一个国家的教育竞争力来自这个国家教育机制的优劣，和对教育及教师的重视程度。如此，教育机制的优化、对教育的重视和教师社会地位的提升，是各国都应该深入研究和探索的课题。

教育，一切都是为了学生

当陈之华老师与于韦斯屈莱大学教育主管学院院长及一位资深研究者，谈到教师的"自由度"与"被尊重"程度的时候，问道："如果教育体制对老师们有评比、考核，那会是种什么情形？""我们可以保证，那芬兰的教师必定集体罢工：大家不干了！"两位鬓发泛白的资深教育人士，如此斩钉截铁，摇着头大声说道。"如果一个社会体制对自己的教师连最基本的信任都没有的话，那还谈什么教育呢？"他们中气十足，异口同声地说道。

接着，两位教授讲道，他们当年教学时，所想的都是如何善待学生，怎样教导才对学生最有益处，从来不是为了要让学生或者自己的教学成果拿第一，他们压根儿没有想过要"争第一""抢第一"。

"我们所做的一切，不过是尽其所能地去教导我们所知的；一切都是为了学生，如此而已"。

"那当国际评比成绩出来后，芬兰一下子轰动了全世界，你们当时的想法是什么呢？"作者问道。

"不瞒你说，我们吓了一大跳！""因为，我们从来就不是为了要得第一才如此施行教育理念的。""几十年来，我就是单纯地为了把事情做好！"

我要说，这就是信任的力量和魔力所在！对老师不考核，不评比，换来的是什么？不是老师的懈怠和偷懒，而是被信任后的尽心竭力，是一切为了学生，为了一切学生和为了学生的一切，这三个"一切"，唯独不包括拿第一！既不包括让学生拿第一，更没有想过自己拿第一。

这种针对教师的以"信任"为核心的无为而治的管理理念和模式，其他国家是否可以深入研究并尝试一下呢？我想，不管是哪国人，人性是相通的，信任必将会换来诚信！中国有句古话，叫作："人心换人心，四两换半斤！"不就是这个道理吗？

混龄教学在芬兰

在芬兰，由于地理位置和人口稀少等原因，还存在学生人数很少的地方混龄教学的现象。被认定为全球教育第一的国家，竟然还有混龄教学现象，乍一听，真有些令人不可思议。

混龄教学，在我国叫作复式教学，是在我们国家几十年前的农村学校很普遍的一种教学模式和现象。那时的农村，为了孩子上学方便，基本村村有学校，那就是所谓的"村小"。一个村子里同一年龄段或者同一年级的孩子只有几个，为了节省师资和校舍，通常采用复式教学，把几个年级的孩子集中到一个教室上课。一位老师负责教几个年级的同一学科或者一个年级的几个学科。到后来，随着国家经济实力的不断增强，国家对教育越来越重视，大部分村小都进行了合班并校，几个村子的孩子集中到一处较大的学校上课，同年级几十个孩子集中在一个班上课。中国的复式教学，是时代的产物，现在这种教学方式已经不多见了。

芬兰，由于特殊的地理环境，有些地方根本不可能把许多孩子们集中到一起上学，所以才采用混龄教学。这不是落后，而是因地制宜，是最大限度地利用教育资源。假如不采用这种教学方式，非要把同年级的几个学生编一个班，然后一个班再用几位老师教不同的学科，那样会造成教育资源的极大浪费。对这几个孩子来说是公平的，但是，对整个社会来说是不公平的。

采用什么样的教学模式，实际上不是最重要的，最重要的是以怎样的教育理念和教学方式去施教。只要教学理念和教学方式恰当和先进，就是采用混班教学，孩子们照样能享受到优质教育。如果教育理念和教学方式落后，就是单年级的班级教学也很难取得良好的教育效果。

没有后进生，只有引导班

面对一些不喜欢学习的孩子，学校和老师会怎么办呢？芬兰的学校和老师是这么做的：首先，学校和老师对这部分孩子绝不放弃、不嫌弃；同时，鼓励孩子们，他们一定能行；然后，和孩子们讨论他们对什么样的学习内容和方式感兴趣，共同讨论制定课程内容和学习方法，并且按计划去认真落实。引导和激励这部分孩子们以他们感兴趣的方式来和其他大部分同学一起平等地获得最大限度的进步和健康成长。

比如，他们不喜欢学习书本知识，老师就给他们设计了通过走向社会去实习来获取知识，增长本领的建议，给他们创造喜欢学习和学校的诱因。

在应试教育环境下，产生了很多所谓的"后进生"。这部分孩子是真的没救了吗？真的不一定。他们中很多人有自己的特长，并且智商一点都不比别人低，很多人情商也很高。只要因材施教，他们照样能成为某一方面的人才。

芬兰为什么讲"不让一个人落后"

芬兰为什么讲"不让一个人落后"呢？芬兰教育工作者回答说："我们这样的小国，不能容许社会上出现学习的落差与失衡。"

在芬兰人看来，这是个原因。从独立到"二战"的磨难，让芬兰人明白，唯有扎实、平等的"教育"，才是使得社会和人民走向独立自主的最大资产。"二战"期间与战后，芬兰人共享荣辱起伏，是全体芬兰人一起保住了这个国家，不是位高权重者，更不是精英分子。从独立之初的内战到"二战"，让芬兰人相信，社会和族群不能自我区隔，只有充分落实教育与生活上的平等精神，才能得以生存和长期发展。就是执着于这个道理，芬兰才长期在全国各地各校，对于需要特殊辅导教育的学习缓慢的学生，投入不间断的关心和教育资源。

不管什么种族的人，只要是人，都是生而平等的！都是社会的一分子。就像作者所言，既然每个人都是这个社会的一分子，就没有人可以自我放弃，更没有人有权去决定哪些人可以被放弃，尤其是还在成长中的孩子。

如作者所言，国家和孩子的未来，唯有重视人本价值的"众生平等"的教育观念，与长时间实实在在、点点滴滴的用心扎根，才会茁壮成长。

其实，我们真的从来不缺少先进、科学的理念，缺少的是对理念的不折不扣的落实。"有教无类"和"因材施教"这些有关教育平等的经典理念，是我们的老祖宗几千年前提出来的，直到现在仍然是各国认可并努力实现的真理，包括芬兰。

零年级，不需要"赢在起跑点"

芬兰的孩子满七岁才入小学，比大多数国家都来得晚。芬兰的研究和教育单位认为，七岁的孩子，心智与情绪各方面的发展相对成熟，比较适合开始进入小学。但如果孩子尚未准备好，学校和相关学前幼儿园老师，会与社会服务人员一起鼓励父母让孩子多预备一年，以三年时间读完低年级，或者向政府申请将孩子读幼儿园提早一年，完成两年的学前教育。

为什么会有这种教育观念呢？因为，芬兰教育者认为，孩子在10岁前是养成学习态度与建立阅读习惯的基础阶段。如果能及早在各方面留意到需要特别协助的孩子们，并配合他们的实际情况设计出适合发展学习能力的课程，即使多花费一两年时间，但是所付出的额外辅导与附加倾注的资源会相对降低。

芬兰学校附设这样的班级，通常会称之为开启班或者预备班。希望能让不同学习能力的学生打下良好的基础，实实在在地去协助、辅导每一个需要特别照顾的孩子。

我们国家规定的入学年龄是六周岁，比芬兰提前一年，而且入学以后一般情况下是不允许留级的，如果要留级，必须是因病休学，这样才可以予以调整学籍。至于九年义务教育完成后，要达成什么教育目标，采取什么措施来保证达到这个目标，没有具体明确的规定。

假如，我们能像芬兰那样，从一年级刚入学开始，允许学习跟不上趟的孩子留级；对各个年级由于种种原因而跟不上的孩子对症下药，因材施教，给予他们辅导与关爱，最大限度地挖掘其优点，激发出孩子的自信心，为他们的终生发展打下良好的基础。当一批批经过这样教育的孩子走上社会以后，我们的民众整体素质怎么可能不大幅度提高呢！

让孩子赢在起跑线上，不仅仅指孩子的学习能力；更重要的是，让孩子一开始就养成良好的学习和行为习惯，健康的身体和阳光的心理，以一种积极向上的姿态开始人生的马拉松！

通识教育的开端

在本节中，作者意图从芬兰中、小学课程设置方面进一步探讨芬兰教育的独到之处。其实，芬兰中小学的课程，无论是科目开设，还是各科目的教育目标的设定，和许多国家是大同小异的。在课程设置方面，与我国几乎没有什么区别。然而，在课程目标的落实方面，我们却远不如芬兰，尽管我们的既定课程目标一点不比芬兰差，甚至写得比芬兰还要更好。

为什么会出现这种情况呢？我想与考核标准有关。芬兰的学校和教师没有考核评比，也就没有考核评比的标准以及由此造成的压力，老师们根据既定的课程目标，可以充分发挥自己的聪明才智，独立自由地选定教学内容，他们不用担心如何应对考核，这样的轻松自如心无旁骛的教学，目标是很容易达成的。

然而，我们的教师，是背负着关系到自己的切身利益的考核进行教学的。为了孩子能够取得好的考试成绩，也是为了自己能够取得好的考核成绩，我们的老师只能按照考试的内容和题型教学，并且让孩子进行大量的重复训练——一遍一遍地没完没了地做题。如此，我们的孩子针对每个学科达成的教育目标几乎都是会做题，能够考高分，也就是知识目标达成得比较好。而情感、态度和价值观，创新意识和能力，实际操作等等，这些能力无从考查也几乎就无从谈起了。我们的家长、老师，甚至社会，也基本不大关注这些。

芬兰的学科设置中的教育与职业辅导课，值得我们思考与借鉴。这项课程是为了让孩子们了解各种不同的职业类别的工作概况和技能需求，以及它们与整个社会的关系而设置的，在孩子通过这门课程广泛地认识社会的同时，也为自己今后的职业选择做一个初步的预设和打算。我们的许多孩子，不用说初中毕业，就是高中毕业以后报志愿时，因为对各行各业不了解或者了解得不够深入，所以对自己今后的从业方向都比较迷茫，常常是根据自己的高考分数或者家人的意愿及流行的职业热度来选择就读的大学和相关专业。至于对自己是否适合，是否能发挥自己的特长，考虑得并不多。这样选择的专业或者职业，很多情况下是不利于今后事业发展的，甚至会影响自己的一生。

"真枪实弹"的生活教育

芬兰中小学设置家庭经济与工艺课，是为了培养孩子们的基本生活能力，同时也为今后有些孩子进入职业教育学校深造奠定基础。为这两种课程所配备的设备和器材，芬兰的学校一点都不含糊，真枪实弹，和生活中所需要的完全一样。而且，在这两门课程的实施过程中，需要学生掌握各种技艺——打毛衣、踩缝纫机、锯锤砂磨、拼接电路、做饭炒菜、购物理财、烘焙制作、打理房间等等一切居家过日子的活计，都实打实地训练，真枪实弹地操作。

芬兰中小学对这两种课程的开设和高度重视意义重大。

首先，掌握家庭生活所需的各种基本生活技能，对每个人来说都是必需的。这两种课程的开设，使芬兰的孩子们不但在家里可以成为家长的好帮手，更重要的是，当他们走上社会，独立生活或者成立家庭的时候，能够游刃有余地开始美好的生活。这也是芬兰学校开设这两门课程的主要目的之一。

实际上，我们的中小学也设置了类似的课程，那就是综合实践活动课。所不同的是，我们为此准备的设备大都是模型，只能讲解和演示，不能真枪实弹地操作。这样，孩子们也不可能习得真正的生活技能。更甚者，好多学校虽然有综合实践活动教室，课程表上也做了安排，但是却基本不上这种课程。

其次，可以潜移默化地培养孩子人人平等的思想观念。各种生活技能，大家都要学习，大家都要学会自食其力。不管是男孩子还是女孩子，也不管是贫穷还是富有，这类课程可以让大家平等地做事，任何人没有特权，实际行动上的平等最能说明问题，最能深入人的心灵。

反思我们的做法，人人平等的观念，更多的是说教。

再次，为孩子们进入职业学校学习奠定思想和技术上的基础。孩子成人以后，有的会成为脑力劳动者，有的会成为体力劳动者。一个人将来干什么，和这个人的特长及爱好有很大关系。但是，无论大家干什么，只是社会分工的不同，人格上没有高低贵贱之分。中小学工艺课和家庭经济课程的开设，让孩子们认识到各种生活技能是人人必备的，各种技能性的劳动是任何人都应该掌握的，干什么工作都是光荣的，它无关乎身份地位。从小有了这种思想意识，将来进入什么学校深造，走上社会后干什么工作，孩子们会根据自身条件和兴趣爱好各取所需，不会因为进入职业学校学习而觉得低人一等，而对接受职业教育有抵触情绪。同时，因为有中小学时的工艺课和家庭经济课程的扎实基础，进入职业学校学习的学生，学习会更加轻松和顺畅，由此，也更愿意接受职业教育。

我们的许多孩子也都会进入职业学校学习，但是，不能不说，有好多孩子认为这是不能进入大学深造的无奈之举，他们并非心甘情愿地进入职业学校学习。各行各业都是社会所必需的，各行各业也都应该受到大家同样的尊重和享有应有的待遇。希望我们的教育能够使大家都有这样的认知。

下课之后

芬兰的孩子下课后，都去上兴趣班。这说明芬兰孩子的课业负担不重，孩子们每天都有时间去做自己喜欢的事情。

我国的孩子也有许多上兴趣班的，但一般情况下是在周末，平时放学后几乎很少。因为，孩子没有时间，他们在放学后要做作业，这是所有孩子放学后的必修课。这说明什么？说明我们在发展孩子的兴趣方面和芬兰人的看法不一样，我们不放心孩子们每天放学后都去上兴趣班，因为，我们的老师、家长都觉得兴趣比起学习来，还是学习更重要。

芬兰人让孩子去上兴趣班，主要不是为了挖掘孩子们的才艺，而是因为三点：第一，为了给孩子的生活添加润滑剂；第二，为了让孩子通过参与自己感兴趣的事情或者活动，打下对于生命与生活周遭事物的探索的基础；第三，孩子去参加兴趣班，可以发展一两项自己终生受用的兴趣与爱好，为自己生活增加乐趣。

这种为孩子的生命增添乐趣，而不是为了挖掘孩子才艺，让孩子赢在起跑线上的角度，值得我们深思。因为，人活着，不管是上学的儿童和青少年时期，还是走上社会参加工作以后的成年时期，快乐都是非常重要的。

英文是怎么教的

曾经，芬兰的英语教学，是以语法、语汇和翻译为主，学生学习的东西不符合日常生活需求，不仅过于着重读与写，还忽略了一般最常需要使用到的口语演练，也未着重对整体外语生活环境的认识和听力训练，无法以耳濡目染的方式达到接触语言信息的效果。

而现在的芬兰英语教学之所以成功，是因为他们打破了以往过于着重语法、词汇的学习方式，改为充分地让学生进行听说的演练、再配合读与写。

其实，芬兰英语教学原来存在的问题，正是我们今天的英语教学存在的问题。我们的英语考试试题，就是着重于语法、词汇、读与写，几乎不考核口语。这就造成了我们的日常英语教学的特点是：忽略口语演练，未着重整体外语生活环境的认识和听力训练，以语法、词汇和翻译为主。因此，我们中小学的英语教学，被称为"哑巴英语"，孩子们英语考试分数不低，但是一到日常听和说，那就不会了。听和说，本来就是语言学习的两大重点。但是，应试试题的导向，使我们的英语教学在这两方面存在严重不足。芬兰英语教学改革的成功经验，正好针对了我们英语教学的弊端，所以值得我们认真研究和学习。

芬兰引进的外国影片和电视节目，一般都保留外语原声，只配上芬兰字幕。来芬兰考查、采访的专家学者和媒体，都认为这一做法对于芬兰近几十年来的外语学习辅助效果非常大。芬兰的这一做法，很值得我们借鉴和学习。看外国影片和节目的，大多是年轻人，而需要学习外语的也是年轻人。保留外语原声而打出本国语言字幕的做法，可以使观众既能看懂人物的对话，同时又欣赏到他们的外语原声，使观众始终处于一种外语情境之中，对观众感受外语语境和纯正发音肯定有很大的好处。

多语言的芬兰人

一般世俗习惯看待"大国"与"小国"的分级标准似乎没有那么重要，能不能带给人民踏实感、希望与未来，才是最真实的国力表现。

芬兰人一直很谦和、内敛，他们明白自己的竞争之道——全力推动和展现国际化的一面，所以外语学习就成为全民关注的重要课题。因此，如何将教育与多语言、多元文化结合，确切落实基础教育，一直是芬兰教育体系相当重视的一环。时至今日，学习多元语言的成果随处可见，除了基本母语（芬兰语或者瑞典语）之外，能流利使用几种国际语言的比比皆是，大城小镇、各行各业，都遇得上实实在在能够运用外语的男女老少。

芬兰清楚地知道自己的弱点，同时，也准确地找到了使自己强大起来，在世界上有自己一席之地的办法。为此，在自己的教育体系中高度重视外语教学，甚至把外语放在和母语同样重要的位置，从而使国民整体外语水平大大提高。芬兰从国家发展的角度重视外语教育的做法，对我们也应该有所启示。那就是，我们也应该从国家长远发展的角度，找准教育改革的切入点。我们教育改革的切入点就是大力推行素质教育。我们的教育正处于从应试教育向素质教育的转型期，由于历史和现实的种种原因，应试教育的氛围还很浓厚。所有有良知的教育工作者，都应该从国家富强和民族振兴的大局出发，坚决地去推行素质教育，顽强地与推行素质教育过程中的形式主义做斗争。

雷帕能教授认为，母语是与朋友和家人沟通的最基本的生活工具。他从不认为英文或其他外文会对自身本土文化与家园构成一种威胁，反而认为这是多元文化的触媒与基础。作者也认为，现代芬兰人普遍接受并十分喜欢学习外文，是因为外文能让芬兰与世界快速、广泛接轨，并在思想空间上暂时超越地域的限制，直接与世界同步对话。

这段话，让我这个曾经的英语老师，从事教育工作近三十年的教育工作者深有感触。我们有些国人对于中小学开设外语课的意义理解不到位，甚至颇有异议。我们国家在中小学开设外语课的目的，也是为了与世界接轨，与世界各国加强交流和合作，在政治、经济和文化等各个领域取长补短。好多人认为，大部分人学习外语没有用处，殊不知，我们面临的是地球村的未来，是政治、经济和文化各方面的全球一体化，世界各国之间广泛交流的时代马上到来，这是时代的潮流和历史的必然，任何人都阻挡不了，我们必须及早做准备。这就是中小学必须开设外语课，也是所有孩子必须学习外语的意义所在。让国人都明白学习外语的意义所在，也是非常有必要的。明白了这些道理，大家才会踏踏实实地去学习外语，或者支持自己的子女和其他人去学习。

家长会一窝蜂去选学校吗

芬兰的家长一般都不会盲目地给孩子择校，抢着让孩子去上所谓的优质学校。为什么呢？原因有二：一是，芬兰基础教育是平等、均衡的，各地投入的教育资源相当，学校基本没有好坏之分；二是，芬兰家长会根据自己孩子的实际情况选择适合孩子的学校，而不是盲目选择我们认为"高大上"的国际学校。

为什么我们的大部分家长都热衷于给孩子择校呢？这其实怪不得家长，因为我们的学校资源确实存在不均衡的现象，由此造成了各学校教育质量的差异。最严重的是，城乡之间基础教育的不均衡。虽然我们国家在城乡教育均衡方面下了很大气力，也取得了巨大成果，但这种城乡教育均衡化的结果，主要是硬件建设方面的均衡，而师资配备方面城乡之间还存在较大差异。而教育质量高低的决定性因素就是师资水平的高低。孩子是家庭的希望，谁家的父母不想给自己的孩子最好的教育？所以，大量的农村家长都想尽办法把孩子送进城区学校读书，甚至为此不惜斥巨资购房，以争得进入城区学校就读的机会。这种现象提醒我们，下一步教育均衡的方向和重点，应该是师资配备。我们的各级政府和教育行政部门也已经敏感地意识到了这个问题，近几年正采取各种措施，想办法留住农村学校的优质教师，以达到城乡师资方面的均衡。

芬兰家长根据自己孩子的实际情况选择学校，不盲目追捧所谓"高大上"学校的做法，也值得我们深思。前几年，有些地方的初中学校，有重点班和普通班之分，重点班里都是些成绩好的孩子，普通班当然是成绩一般的孩子。家长都希望自己的孩子能进重点班，不管自己孩子的成绩好坏，他们认为进了重点班，孩子就有希望考个好成绩。这种班级划分的方式，后来颇受诟病，那些反对的人认为，这种班级划分方式，使孩子们受到了不公平的待遇。现在基本上已经不允许划分重点与非重点班级，所有学生按成绩均分到各班。其实，这种重点班与普通班的划分是有道理的，甚至可以看作因材施教的一种具体体现，老师根据这些孩子的不同情况施以不同的教育教学，应该更有利于孩子的发展。

教育，为了吸引人才回流和国际人力

芬兰在重视"走出去"的同时，也看到了让国际人才走进来的重要性。而最让国际人才与其家庭重视的子女教育问题，也就成为芬兰教育当局直接肩负起来的责任。

为此，芬兰政府在各地设立双语学校，为海外来芬人才的子女提供双语教学。以赫尔辛基为例，当地就提供了四十多种不同国家的母语教学，只要学校有超过三个同一语种的学生，他们就能申请每周两堂的母语课。这一切的政策，就是希望这些前来芬兰的移居者能安心工作并能继续留在芬兰。

为了吸引和留住国际人才，芬兰政府在教育方面所做的一切，使我思绪良多。当今世界，国与国之间的竞争，实际上主要是科技的竞争；而科技的竞争，实际上就是人才的竞争。所以，无论是对一个国家还是对一个区域来说，培养人才，留住人才，是一项事关大局且非常重要的任务。我们国家人口众多，同时，人才也众多。在珍惜人才方面，我们首先应该考虑的是怎么样留住本国人才，包括本土培养的和留学归来的人才。

要留住这些人才，首先要让他们感受到国家和政府对他们的重视，这种重视主要体现在两个方面：一是物质，二是荣誉。这两者比较，物质方面可能相对好解决一些。在荣誉方面，由于传统习惯和历史的原因，可能我们以往更看重学历高低与论文及著作的多少，对于实际科研成果和贡献，由于不好量化且标准不好把握等原因，关注得可能较少。这样就有可能在这些方面有失公允，从而造成对实干人才的关注度不够。这种情况，也许是我们今后应该高度重视之处。

阅读是终生资产

阅读之于芬兰人，早已是一种普遍的习惯，他们对于阅读重视的程度，或许就和我们对数理学科的看重一样。当人们对文学的重视程度与其他学科平等的时候，人的心智平衡就是自然而然、顺理成章的事了。

书与阅读，对于芬兰教育来说，就是培养孩子终生受用的生活兴趣。在欧美和芬兰的许多家庭里，在孩子出生后不久，父母就很自然地找来适合婴儿阅读的塑料书、玩具书本，婴儿舔了又舔、抓了又抓，既有视觉影像，又有语音入耳，从玩具书、生动的绘本，再逐步跃进深浅不一的文字书与创意故事里。如此的循序渐进，多年如一日地灌溉与培养，阅读深耕入心，必会生根发芽。

重视阅读是希望能培养孩子的阅读兴趣，养成他们独立学习与思考的习惯，这样，孩子们才能在知识的海洋中自由自在畅游，开启心灵与脑海中的创造与幻想。当学子们能受惠于书中的故事，酝酿出成长中的厚实养分，阅读就真正能丰富自己的人生。

我们国内孩子的阅读现状存在两方面的问题。

第一，对读书的意义认识不足。不论是老师，还是家长，基本都明白阅读的好处。但是，好处有多大，大部分人还是了解的不够透彻，阅读不仅对孩子现阶段的学习有很大好处，而且对一个人一生的发展都意义重大。如果让孩子拿出为了提高应试成绩而大量做题的时间中的一部分来进行阅读的话，大部分家长和老师是不同意的。因为，他们觉得，认真完成作业和大量做题，对于提高应试成绩来得更快。

是的，我们的许多家长，也是在孩子刚刚牙牙学语时就开始让孩子阅读图画书，在儿童时期就开始背诵大量古诗词。但是，说实话，大部分家长让处于婴儿期的孩子读图画书，不是为了让孩子从小就养成良好的读书习惯，而是为了让孩子早识字，多识字；而让儿童期的孩子背诵古诗词，不是为了让孩子领略古诗词的美，从而涵养性情，提高人生品位，而是为以后提高学习成绩打基础。

第二，应试教育使我们的孩子无暇读书。想要提高应试成绩，进行大量重复练习，提高做题的熟练程度和准确率是必须的。我们对老师教学成绩的考评，使老师不得不想办法提高孩子的应试成绩，所以，老师也只能让学生把精力都用在大量重复的练习上，不敢留出太多时间让孩子们阅读。因为，人的精力是有限的，孩子阅读多了，用在做练习上的时间就少，这样，应试成绩就会不理想。孩子们阅读得再多，应试成绩不理想，老师是没法向学校和家长交待的。学生的应试成绩就是教师的教学成绩，老师自己的教学成绩差了，就会直接影响自己的考核，工作等于白干。哪位老师会去干这样的傻事呢？所以，针对教材进行的应试教育不改变，我们的孩子就没有时间进行大量阅读，当然就无法养成受益终生的良好阅读习惯。

每日至少半小时阅读

芬兰孩子们每天的家庭作业之一，就是"至少半小时的自我阅读"。这对于一个民族的整体素质的提高，会有多么大的作用啊！

从语文学习的角度来说，小学和初中的孩子，每天从语文作业中拿出半小时用于阅读，不但不会影响孩子们的语文成绩，而且会提高语文成绩。因为，长期的大量阅读，必定会提高阅读者的语文素养，从而提高语文成绩。

阅读环境的引导

芬兰孩子的阅读能力如此之强，阅读习惯如此之好，和芬兰孩子所处的良好的阅读环境有直接关系。

首先，让孩子读适合的书。

与孩子朝夕相处的老师，最知道孩子们适合读什么书。而芬兰教师有绝对的自主权去选择适合孩子的阅读内容、范围与进阶程度，同时，也会倾听孩子的想法。依照每个孩子的兴趣和阅读能力，为他们量身选择不同书籍。选择适合的来读，这是让阅读有成效的前提。而且，芬兰的老师不强调孩子非得有读书表单或读书报告。他们不以收集孩子读了几本书的数据作评量，而是以孩子能够乐在其中为宗旨。

说到适合的书，使我不得不想到我们要求孩子读的书。我们一般普遍要求孩子读经典名著，经典名著该不该读，回答是肯定的，当然该读。但是，我们应该把它们放在适合孩子的年龄阶段去读。我们好多小学要求孩子们读四大名著，这种要求有些一厢情愿的意味。四大名著，除了《西游记》故事情节比较适合小学生阅读，其他三部——《三国演义》《水浒传》《红楼梦》，描写的都是在复杂社会背景下，成人世界的勾心斗角，错综复杂的阶级斗争，封建家族的明争暗斗。这些内容，一是孩子们很难真正读懂，二是会让孩子过早感受成人世界的阴暗，不利于孩子的健康成长。孩子们读这些书，恐怕也很难乐在其中。

其次，让孩子读喜欢的书。

在芬兰，孩子们在学校，虽然有老师依循年龄层所建议的各种读本，但学生的抽屉一翻开，总会有一本属于孩子自己喜爱的书籍。孩子们读自己喜爱的书，会格外用心，也会有自己独到的见解和深刻的感受，受益一定也最大。允许孩子读自己喜爱的书，是孩子良好阅读习惯和终生阅读习惯形成的重要条件。

再次，素质教育氛围使整个社会都重视阅读。

在芬兰，大家考虑的是如何真正提高孩子的综合素质，使每个孩子都成长为最好的自己。家长、孩子和学校都不会承受应试教育的巨大压力。这样，当大家发现，阅读在孩子成长的过程中发挥着不可代替的巨大作用的时候，学校、家长及整个社会，都在想方设法鼓励、引导孩子阅读，为孩子的阅读提供各种条件和帮助。在这种情况下，孩子们的阅读能力能不强吗？

图书馆，芬兰的人文地标

芬兰图书馆数量之多，设计之精美，充分说明了芬兰人对全民阅读的重视程度。作者说，芬兰的电影院远不及图书馆精美完善。这也说明，芬兰人觉得，看电影远不及读书重要。

芬兰的图书馆，不管是哪个年代的，设计都非常用心，都体现了那个年代的建筑风格，足以说明那个时代的设计理念与规划，其中不乏知名建筑大师的经典之作。对图书馆设计与建设的精心，足以说明芬兰人对书籍的爱护，对阅读的重视。更说明芬兰政府对全民阅读意义的深刻认识。

芬兰图书馆的专业素养令人赞赏。所有读物都已网络信息化，在一家图书馆的计算机上可以查询和预约所有图书馆的读物，同时，可以在任何一家图书馆归还本市其他图书馆的书籍。芬兰图书馆的这种细心的设计和做法，为市民借阅图书提供了极为便捷周到的服务，让图书馆成为男女老少都乐意前往的场所，为全民阅读提供了充分的条件。

阅读这件事，虽然是个人的事情，但是，国家和政府的重视和引领也是很重要的。比如，现在各地县级以上的城市，都在兴建公园。公园建起来了，来锻炼身体和放松娱乐的人自然就多了。如果，我们像建设公园那样，把图书馆也设计得非常温馨、舒适，给大家提供良好的阅读环境和优质的书籍，自然就会有许多人经常到图书馆里去。

芬兰各地图书馆都设有音乐艺术专区，里面收藏着丰富的CD、DVD、录像带及其他有关音乐方面的资料。这充分说明了芬兰人对音乐的爱好。这也是芬兰民众生活品位高，综合素质高的表现。

人的精力总得有释放和发泄的地方，当人们爱上读书，喜欢上音乐，工作之余的闲暇时光，他们就会把时间用在读书和听音乐上。

芬兰各图书馆都设有宽广、丰富、完善，而且童趣十足的儿童区。里面不仅有各类儿童读物，还有可供上网的计算机、沙发、玩具等等，给小朋友提供温馨、舒适的阅读环境和优越的阅读条件。"阅读，从娃娃开始"的理念得以充分体现，也在踏踏实实地落实。

深入各地的流动图书馆

平均每位芬兰人每年造访图书馆的次数超过十回。每年芬兰人平均会借出书籍、杂志等约二十来本。图书馆俨然成为芬兰人享受精神生活时不可或缺的一部分。

当全民阅读蔚然成风，当阅读成为多数人精神生活不可或缺的重要部分，当阅读成为一个民族的习惯时，试想，这个民族的整体文化素质能不高吗？这个民族能不充满希望和活力吗？这个民族撑起的国家能不令世人刮目相看并肃然起敬吗？

芬兰配有两百座流动图书馆，这些以大型巴士为载体的流动图书馆，主要是为较偏远社区的民众服务。流动图书馆会依据学校与社区人口数有计划地到访，有的每周到访两次，有的是一次。

为了全体国民都能平等地享受到图书馆的服务，芬兰的流动图书馆常态化按时按计划走遍全国固定图书馆还不能满足民众需求的地方，不管多么偏远荒寒之地，不留死角，以满足所有人的阅读需要。芬兰的这一做法，充分体现了芬兰对"平等"一词的深入理解和不折不扣的贯彻落实，同时，也体现了芬兰对全民阅读意义认识之深刻。

一位流动图书馆的负责人员说，他自己就喜欢书籍，更喜欢看到所有来车上借阅书籍的人们的喜悦，所以一定会做到退休。他又说，那一份把书送到的成就感，让这里的工作人员都不想离开这个工作岗位。

这位图书馆负责人的话，一方面说明，喜爱自己的工作是做好工作的前提条件。只有喜爱，才会去尽量做好；另一方面说明，阅读这件事，在芬兰民众的心目中是一件重要的事，是一件非常有意义的事，以至于图书馆工作人员也会为能为民众阅读提供了方便和服务而感到自豪。这也说明，在芬兰，阅读是多么的深入人心！

作者说，流动图书馆负责人员诚恳专业的解说令她感动。她深深觉得，在社会上每一颗螺丝钉，每一粒种子，只要旋钮和播种的人都能尽心尽力，那众多的螺丝钉和种子，无形之中，就成了社会的整体资源。

流动图书馆图书管理人员的表现使作者进一步体会到，民众力量的伟大和民众整体素质的优良对一个国家发展的重要性。每个人都在尽心尽力地做好本职工作，都在奉公守法，都在尊老爱幼，那么，这个国家和社会才会稳固和强大。一个国家的发展，应以民众整体素质尤其是道德素质的提高为基石，否则，这个国家的发展是不稳定的。

芬兰的图书馆设施之所以如此完善、平民化、使用舒适，最根本的理念，只不过是要落实"平等"的精神。因为芬兰人相信，平等是一切社会发展的基础。

与芬兰教科书的渊源

陈之华老师因为自己孩子的原因，很喜欢研究孩子们的教材，常常跟着孩子们一起念从学校里拿回来的各种书册。她说，与其说关心孩子们学习，倒不如说她对东西方文化、基本哲思与教育概念之间的差异兴趣浓厚，对于不同教学方法与思考模式也总是好奇满满。

陈老师可能是因为经常游走于世界各地，因而对不同文化、思维和教育方式等感兴趣。其实，作为教育工作者的我们，即使不走出国门，也应该对各国文化，尤其是发达国家的教育理念和教育教学方法多多研究，不要做井底之蛙。择其善者而从之，其不善者而改之。

读万卷书，行万里路。我想，对我们教育工作者来说，这万卷书，不应该只包括我们自己的书，也应该包括有关世界各国文化和教育的书。当然，如果有机会能走万里路，那是最好不过的了。

好作品才有出头之日

芬兰基础教育学生人数少，教科书用量少，而且教科书国家不统一，各出版社根据国家教育大纲自己编辑自己的教材。用量少，利润低，各出版商如何进行竞争呢？

出版商如是回答："就因为我们的市场太小、竞争激烈，所以才必须做得更好！"

"唯有优质的出版作品，才足以在芬兰生存，并且被市场和使用者衷心接受。"

"好作品，才有出头日！"

他们的回答，在中国通常的说法就是：以质量求生存！这样的回答让人感动啊！一个资源并不丰富的小国，何以能立足于世界并且博得世界的瞩目呢？应该就是这种"以质量求生存"的理念深入各行各业的经营和运作过程，从而在国家崛起和发展过程中起了很大的作用吧！

用心的出版商与编辑者

芬兰最大型出版集团WSOY的基础教育部研发的一年级芬兰语课本，内容分三个学习阶段，让不同程度的孩子都能按照自己的情况，逐渐上手；已经能读文字的孩子们，可以去欣赏短文，还在学习拼音与发音的孩子，可以从基本字体与音节开始，不带负担地进行文字学习。

陈之华老师说，这是很典型的与自我赛跑的芬兰式教育理念。

芬兰式教育理念是什么样的呢？我的理解就是：平等，让每个孩子享受最适合的教育。

连教材的编排都充分体现关注不同情况的孩子，从每个孩子的实际出发，因材施教。可见，芬兰教育中平等和因材施教的理念是多么深入人心！

WSOY原来的那套数学教材很受欢迎，市场占有率也很高。在这种情况下，他们又开发了一套以故事性和幻想世界为主题的数学课本，这套书中涉及很多以孩子为主体的想象空间和题型演变，以提供给已经使用原书系的学校和老师们另外一种多元的教材选择。

这种做法首先体现了WSOY精益求精、居安思危的企业精神；同时，也反映了他们不仅仅追求企业效益，也为客户的发展和未来着想的意识。

芬兰真像是面镜子

在芬兰，一套教科书出版时，出版商还会同时开发另一套给特殊教育与学习缓慢的孩子们使用的书。

一本新的教科书推出市场以前，出版商会在各地举行多场座谈会、研讨会，让学校和老师一起有机会了解书的内容，以直接地听取、搜集他们的初步意见，以及了解新教材是否有实际使用的困难等等。芬兰全国教委会专家说，研修制定新教育纲领内容时，会有出版商公会的代表出席研讨会议，这在欧洲并不多见。

陈老师说："我总觉得，芬兰是一面镜子。它总能映照出求快、求量、求先、求赢的另一种反向思维，而且还活得那么脚踏实地，并长期地把这种哲学注入在一举一动之中。""不论是设计、教育、产业与科技研发、音乐、运动、艺术等等，芬兰人相较下是一种不疾不徐、不争不抢，不以'赢'为目标，反倒去追求事物的良性本质。"

芬兰在教科书出版上表现出的严谨、认真，陈老师对芬兰诸多行业之作风的评价，使我想到我的本职工作——教育，到底应该追求什么？是像芬兰那样，追求事物的良性本质，把每个基础不一样的孩子培养成不一样的最优秀的他自己；还是追求优胜劣汰的丛林法则，从本来就不一样的孩子们中培养出标准的精英人才？

基础教育之后：高中与职校

芬兰没有高中或者职业学校的入学联考，初中毕业生可以依照自己的兴趣和理想，以在校成绩表和学习报告，去选择申请进入高中或者职业学校就读。

芬兰这种让初中毕业生自由选择高中和职业学校的做法，值得我们研究和借鉴。我们现在采取的是初中毕业参加中考，达到一定的分数，才可以进入高中就读，否则，就只能选择去职业学校。

芬兰的初中毕业生如果觉得自己学业水平不够好或者其他原因，还可以选择继续读基础教育的十年级，给自己多一年时间的准备。

这个做法也值得研究，芬兰名正言顺地允许初中毕业生复读，而且有一个专门的十年级等着想复读的孩子们。十年级的设立，显示了芬兰教育从实际出发的踏实做法。由于学习能力不足，或者是因为其他特殊原因，初中三年没有学好，那你就完全可以自由选择多学一年。十年级的设立，使选择复读的初中毕业生的自尊心不会受到伤害，不会尴尬；同时，也为那些选择复读的孩子提供了系统的、有计划的教育教学服务。这体现了芬兰教育以人为本理念的扎实落地。

芬兰官方统计，初中毕业生中，有54.5%的学生选择读高中，38.5%的学生选择读职业学校。这个比例说明，在芬兰，人们对初中毕业后读高中还是职校有比较理智的思考，并没有一味地认为读高中是最好的选择。

这方面应该引起我们的思考。为什么我们的孩子初中毕业都愿意读高中，无奈之下才去读职校？其实，原因也不复杂，那就是，读高中和读职校以后的前途是不一样的。读高中考上大学后，走上社会，无论社会地位、经济收入还是工作环境，都要优于职业学校毕业的技术工人。但是，职业学校毕业的技术工人，是我们国家的发展所大量需要的。而且，我们需要的职业学校毕业的技术工人，要比大学生多。如何解决这种矛盾呢？办法就是，在社会地位、经济收入和工作环境等方面，消除或者大大缩小大学毕业生与职业学校毕业生的差距。从而，让职业学校毕业生走上社会以后，在社会地位、经济收入和工作环境等方面，不会感觉到与大学毕业生有明显差异。

随着时代的发展，许多企业对高水平技术工人的需求量不断增加，吸引大量初高中毕业生自愿就读职业学校的做法已是大势所趋。也就是，职业学校得到认可的时代已经不远了。

普通高中

芬兰高中课程采取学分制，而不是年级制；一般高中生在2-4年时间修完75个学分课程，其中必修课占47至51个学分，学生自定日后专修科目学分10个，其他剩下的可由学生自行视兴趣和时间弹性选修。平均每周上课38小时，大多数学生3年完成学业。

芬兰高中课程学分制，好处多多，值得研究和借鉴。

高中课程还是比较难的，学生的学习能力不同，接受效果是有较大差异的。允许学生在2-4年内完成学业，就给了不同学习能力的学生很大的空间，学习能力高的，可以在2年内完成学业；学习能力低的，可以在3年，甚至4年内完成学业。这样，每个学生都各取所需，学习能力高的，可以早一些时间完成学业，尽早进入大学学习；学习能力低的，也不至于被课程逼入绝境，可以慢慢消化、接受，最终也能完成学业。学分制，体现了"以人为本"的教育思想和"因材施教"的教学原则。

想想我们高中的孩子们，几周才放一次周末，不光白天紧锣密鼓地上课，每天晚自习甚至上到10点，早上5点就起床学习。那情形，真的让人心疼啊！

芬兰课程的学分制，一个科目及格可以拿到相应学分，不再根据分数高低划分多少个等级。这也给孩子们大大降低了学习的难度，不至于为了各科目必须考到高分而拼命！这也是芬兰教育讲求实际的体现。实事求是地讲，好多科目对于不同的学生来说，只需掌握基础知识和基本内容就可以了，没有必要非得科科高分。

高中会考

高中修业完成后，学生会参加高中毕业会考，这项考试比较像对高中毕业生学习能力的鉴定。它不等同于我们的高考，即大学不会只根据这一次会考成绩来录取新生；但是，这次考试成绩将作为申请大学时的参考依据之一。

学生通过会考后，依据会考成绩和高中的在校成绩，可以申请不同的高等教育学府。不同大学的入学条件不同，会考后还是得由学生依据自己真正想读的科系，去进行各种申请与面试。

芬兰会考的科目至少考四科，唯一必考科目为母语（芬兰文、瑞典文或者萨米文中任选其一），另外三科自选。会考每年两次，分别在春季和夏季，每次会考，学生可以只选考一至两科，在准备的时间上较有弹性。

学生依照日后想要申请的大学和科系来决定选考科目。读医科、理工等，数学必考，如果想读文科方面的科系，那数学就不是必考科目。

在芬兰，大学入学主要依据会考和高中在校成绩这两项作为成绩依据，相比较我们的大学仅依据一次高考成绩录取新生，大大减轻了学生的负担。一方面，在校学业可以在2—4年内完成，学习压力较小；另一方面，会考每年两次，每次会考可以只选考一至两门科目，这样，会考的压力也不会太大。

芬兰高中会考，只有母语一科是必考科目的做法，也大大降低了学生的学习负担。而且，必考科目只有母语一科，也是有道理的。

不管大学学习什么专业，母语是必备的基础学科，无论从社会需要，还是专业需要等多方面来考虑，都是必须要作为入学考核科目的。但是，其他选考科目，就要看所报专业性质而定了。报文科专业，如果再考数学，那除了给学生增加负担，还能有多大意义？

整个高中学习阶段，该学的所有基础科目都已经过关；而大学阶段已经不是打基础的阶段，是"术业有专攻的阶段"，所以，大学入学应该根据所报专业重点考核相关科目，与专业无关或者关系不大的科目就不要再作为入学依据来考核。

我们的高考现在采用的是"三加三"模式，比芬兰的"一加三"多两门。我们是否可以研究一下芬兰的"一加三"模式？我们规定的必考和选考中的两个"三"，都是有必要的吗？可否从减轻学生负担的角度深入研究并慎重考虑一下，去掉非必要的科目呢？因为，这毕竟事关孩子们三年的身心健康啊。

职业教育与训练

在芬兰，有许多人自愿选择职业学校就读，而不是千军万马一起挤向大学校门。问其原因，答曰，他们认为并不是每个人都适合往学术研究的方向来发展，有人就适合从实践中学习，即进入职校学习。

我想，也许陈之华老师的下面这段话，真正道出了许多芬兰学生自愿进入职业学校学习的最根本原因吧！

"现在芬兰的一般水电工薪资，超越了拥有硕士学位的基础教育教师，还因为专业技能和职训水准受到肯定，而成了奇货可居。建筑工人也因为营造工程技术的不断翻新，以及各种住宅、社区、产业厂区、公共建设的不断推出，使得受过职训的技术人员异常抢手，薪资和福利都不输给大学毕业生进入职场的发展"。

从芬兰职校如此受欢迎的原因，是否可以探究出我们职校的招生情况一直不太乐观的原因呢？

我们常说，人与人之间是平等的，只有社会分工的不同，没有高低贵贱之分。这句话，不是光说说就可以的，它需要有有力的证据来证明，才会得到大家的认可，不是吗？

计程车接送上下学

一所只有30名学生的乡间迷你小学，一切整齐完备，应有尽有。停车场、餐厅、教学设备、老师和校长的备课休息区、教学工具和设有更衣室与淋浴室的室内体育馆等等，都有着等级不低的水准。

更令人瞠目结舌的是，全校30名学生，每天都是由政府买单的计程车接送上下学。陈之华老师说，这不是奢侈，不是浪费，而是一种国家对教育义务的用心和付出。

乡镇学校的孩子，英语真不错

又一所芬兰"村小"。

高年级的孩子，争先恐后地抢着要当陈老师的解说员，带领她参观学校，用英语给她做介绍。作者很惊讶乡野小镇学校的小学生英语沟通能力这么强。

我们的农村孩子见了生人来访，能否争抢着去做导游呢？答案恐怕是非常不令人乐观的，为什么？因为，我们过多地关注孩子们的学习成绩，把太多的精力和时间用于提高孩子的学习成绩；对孩子基本的能力，包括社交能力，并不重视，致使孩子们在这方面很少得到训练。

我们的小学生，有几个可以用英语正常与人交流呢？我们的英语教学的一个通病，就是过度关注学生的读和写，尤其是写；对听、说训练不够重视，尤其是说。为什么？因为各种英语考试，都是以考查学生写的能力为主，几乎不考查学生说的能力。所以，造成我们的中小学生学得的英语几乎是哑巴英语。对于语言学习来说，"说"，本来就应该是一项基本的目标和要求，然而，英语应试模式，已经让我们的孩子丧失了"说"英语的能力。

15 个学生的迷你小学

又是一栋百年木造建筑与森林绿意尽收眼底的学校。全校一到三年级，15 个孩子。学生数量很迷你，但它和所有学校一样，该有的设备一项不缺。陈老师觉得，以整体空间的平均使用率来算，他们显然比她那两个在国内的女儿要幸福，因为整座建筑的资源，就属于他们"私有"。

年轻的安妮老师说，她希望一直在这个学校教书。

经过义务教育均衡化，我们的农村中小学办学条件发生了翻天覆地的改变，但这种改变主要体现在硬件建设上。提高农村基础教育师资水平，实现城乡师资水平的均衡，才可以实现城乡义务教育的真正均衡。因此，通过为农村学校招聘新教师来不断增加农村学校师资力量的同时，如何留住农村优质师资，是下一步实现义务教育优质均衡的首要任务。

芬兰"村小"的办学思路和现状，给我们以启示。那就是，提高农村学校办学条件的同时，大幅度提高农村教师工资待遇，改善办公和生活环境，在评优晋级等方面给予实实在在的优惠，让农村教师觉得比在城区学校任教更有成就感、获得感和幸福感。这才是留住农村优质师资的根本办法。现在，一些地区已经专门针对农村教师设立基层中小学教师中高级职称，规定在农村学校任教 10 年、20 年和 30 年的教师，可以不受结构比例限制，直接申报中级、高级和正高级职称。这一制度的推行，对留住农村优质师资必然会起到很大作用。

获现代建筑奖的学校

1998年秋季，赫尔辛基市政府教育局与芬兰钢骨结构协会，一起为赫尔辛基东边一所新建社区的中小学举办了开放式的建筑图稿竞赛，目的是寻求设计新颖、交互式的教学环境空间。竞赛的另一项用意，是希望发展钢骨结构运用于学校建筑中，目的是想从学校周边环境寻找设计灵感，并促进学生对社区整体环境的体验和认知。

在芬兰，这样的学校建筑设计与环境融合，随处可见。芬兰公共建筑的品质普遍相当优良，虽不是以华丽取胜，但却有历久弥新的时代感和价值感。大多数图书馆、学校、文化中心等公共建设，都有一定水准的设计质感和建筑品质。

为学校的建筑设计图稿举行专门的竞赛；在学校建筑设计中考虑到学生对社区整体环境的体验和认知；学校以及与教育直接相关的图书馆、文化中心等公共建筑，都有一定水准的设计质感与建筑品质。所有这些，给我们什么样的感觉呢？教育，是芬兰最重要的社会事业之一；发展教育，是芬兰政府最重要的工作之一。芬兰对教育的重视，体现在方方面面。从学生的上下学乘坐的交通工具、营养午餐，到学校校舍的选址和建设，无不体现出芬兰政府对教育的用心。

政府对一项社会事业的关注和关怀程度，是这项事业发展的前提和基础。芬兰政府对教育的重视程度之高，诠释了芬兰教育全球第一的根本原因所在。

钢骨创造温馨的学习环境

芬兰的许多学校建筑，不仅为学子们创造了良好的学习环境，同时也成为建筑设计美学的实际教案以及社区景观与人文景观的骄傲，常常迎来世界各地的建筑参访团。

陈之华老师说，特别值得一提的是，阳光海湾学校里的残障学生教室与桑拿空间，其内部的设备真是贴心与完善，专为残障学生设置的桑拿和按摩浴缸空间非常宽敞，到处附有双把手，而且各种更衣、淋浴、盥洗设备，都依照残障生的使用高度来设计。芬兰的孩子上完体育课会去冲澡，因为芬兰学校的基本理念就是让孩子感觉到舒适，不要汗流浃背穿着湿衣服一整天。

为了极少数特殊的孩子修建设备完善、高端的专用桑拿，按摩洗浴空间和专用教室。让我们看到了芬兰是如何落实"平等"和"一个都不放弃"的教育理念。

我想，芬兰学校为孩子做的一切，不仅仅温暖了这些特殊群体和他们家人的心，同时，也一定会触动那些正常孩子和他们家长的心，引导和激发大家关爱他人、热爱社会的善心善行。久而久之，世界怎么会不充满爱呢？

芬兰教育，让我们非常感动地体会到，什么是把"人的价值"置于核心。

淑女左手臂上的小镇

陈之华老师说："我想走访真正的拉普兰，想去实地勘察远在拉普兰地区深处的基础教育，看看是否与芬兰其它地方有何差异之处。"

为此，她只身花了整整10小时来到了距离赫尔辛基首府1200千米之遥的，在地图上看起来像一位淑女左手臂的尖端上的北极圈小镇，只有2000左右居民的恩侬戴奇欧。

为了全面了解芬兰各地教育的真实状况，陈之华老师没有因为已经走访了芬兰全国许多学校，而想当然地给芬兰教育下结论；而是克服困难，来到几近永夜的北极圈考察访问。陈老师也许是为芬兰人求真务实的精神所熏染，才自然而然地这样做吧。

极圈镇上的中小学

在这偏到不能再偏的极地小镇恩侬戴奇欧，有一所高中、初中和小学三合一共计140名学生的综合学校。陈老师说，她花了一整天在学校参观访谈，就如同所有走访过的芬兰学校一样，眼里见的，耳里听的，相机镜头下的一切，都让她惊喜不已！这所学校里的一切教育设施和孩子们享受到的一切，与城市学校不相上下。

校长皮亚欧想让陈老师作一场关于芬兰教育与别国教育的演讲，来让芬兰孩子珍惜当下的所有。

是啊，这一点可能世界各地的孩子都一样吧。从小到大经历的都是饭来张口，衣来伸手，要啥有啥的孩子，怎么会对自己的幸福生活有深刻体验呢？又怎么懂得珍惜眼前拥有的一切呢？所以，有意识地让孩子经历一些艰难困苦还是很有必要的。有苦的体验，才会感受到甜的美好。

在学校教师休息室里，摆着标示着价格的各色绒毛围巾与手套，这是九年级的孩子为明年去意大利一周而筹款用的。陈老师的大女儿明年也要随同全班到英国八天，她们也在做募款和义卖活动。

组织孩子们到国外游学或者说旅游，让他们体验异域风情，这的确是有必要的。读万卷书，行万里路，这是孩子成长的两种方式。我们的教育在行万里方面做得远远不够。条件不允许，不一定非要走出国门，走向全国各地还是可行的。

孩子们自己想办法筹集外出游学的费用，不向家长伸手。培养和锻炼孩子的自立意识和能力，对孩子的成长是非常重要的。在这方面，我们应该对孩子们有意识地鼓励和引导。

我们有全世界最好的水质

小镇恩侬戴奇欧的水质非常好，陈老师觉得，比赫尔辛基或者其他城市的水都要甘甜。这座极圈小镇，因为特殊的地理位置造成的特殊的气候环境，有着与众不同的景观。这里的孩子，虽然地处"偏远"，但因为国家的教育政策与资源共享一毫不差地施行出来，反而让他们拥有了比城市孩子更多的大自然福分。陈老师感叹道，难怪校长和一些老师会在这里一待就是二三十年。

是啊，一般情况下，农村有着城市无法比拟的自然风光和优于城市的自然生存环境。如果如芬兰一般，我们的教育资源确实能够做到城乡全方位均衡，农村孩子何苦会一窝蜂地挤向城市学校？

莱维山边的基提莱镇

基提莱镇上的莱维职业学院是一所公立的职业学院，为拉普兰地区造就了不少在当地开创事业的经营者，更建立了社群环境和服务本地、外来游客的各类营生。

职业学校从当地实际出发，培养各类当地需要的技术人才，促进当地各种经营项目的发展，从而带动经济的发展。这是各地区职业学校乃至政府值得考虑的问题，因为这是牵涉当地职业学校的招生和当地经济发展的大事。

莱维职业学院的校长是位男士，由此，陈老师想到了男女校长及男女教师的性别特点的差异。芬兰一直希望男女教师比例能够相当，因为他们不仅可以成为男女孩子们的学习对象，也会让学生们都有更多机会了解男女生的世界和男女相处的成熟方式。

据统计，世界大部分国家男女教师比例失调，男女教师比例的失调，对孩子的教育会造成一定的负面影响，尤其是在孩子性格塑造方面，影响较大。所以，为了孩子的健康发展，应采取有力措施，协调男女教师比例，包括学校校委会领导的男女比例。

竞争力，来自何方

十二月，一个难得的有阳光的午后，陈老师和朋友碰面叙旧。

"在你看过、走过那么多学校，观察了那么多不同城市乡镇之后，有什么结论吗？"朋友问。

陈老师瞬间沉默了，然后回答说："都一样！"

她接着解释说，所谓"一样"是指：城乡差距小；教育资源共享情形相同；各地校舍与建筑品质优良状况相同；学校与地方图书馆分布、藏书丰富情形相似；不论你我的出身和家庭，绝对保障享有高水平基础教育。

不论你在芬兰的什么地方，学生都一样有着热腾腾的营养午餐可吃、有一样高水平的教科书可读、有一样基本素质优良的教师、有相同的教学理念被完整地执行出来，以及充足的课外读物鼓舞着学生的心灵。

以上就是陈之华老师总结的芬兰教育全国各地都一样的具体表现，也就是芬兰教育的"平等"所在。她说，芬兰的教育经验，难能可贵。

我想，这些"一样"，是否可以成为世界各地推行教育均衡的一个具体可行的范本和参考呢？

陈老师又说，芬兰全国各地都遵照基本的纲领施教，让教学体系能一面遵照规范，一面又能自在发挥出自尊与自信。教师们被教师体制启发、鼓励发挥教学创意，体制也更期待教师们独立自主地为教学成果负责。

这段话，又让我这个教育工作者深思良久。我们的教育管理部门总是对学校的教育管理和教师的教育教学行为做出细致入微的规定和要求。校长如何管理学校，每学期要做哪些事；教师如何教学、教研和批改作业，每天完成哪些教学任务，都有具体要求。校长和教师根本不用独立思考怎样完成教育教学工作，这样是否真的好呢？

总的教育教学目标必须明确一致，这是毋庸置疑的。在这个总目标指导下，如果能够充分发挥老师们的主观能动性，给他们独立自主教学的空间，对他们少一些条条框框，那效果是不是会更好呢？

教育学系学生的全新评选法

长久以来，往往许多适合当老师的人才，却连进教育学院的第二关面试的机会都没有！一些只会拿高分，但缺少教育者基本素质的学生，反而进了教师培育体系，更在日后成为不适任的教师。

于韦斯屈莱大学教育系的教授们提到，那些高中时期考试分数高、学业优异的孩子，多半念书成绩一向很好，但他们通常不见得了解念书不好时的困窘。所以，当了老师以后，也不见得对学习能力和成绩较为落后的学生们能给予更多的同情、包容，或是能以同理心循循善诱，真正发挥出教育者"有教无类"的精神。

于是，根据多年与多方研究与观察，芬兰最新拟定出来的政策，是全国所有教育学系招生，一改过去沿用的方式，而鼓励更多成绩中等的学生参加教育系初选，而不是先以高中毕业会考成绩高低加以评断。教育系的招生，改成先举行一次联合会考，这项会考的目的是了解学生的理解能力与思想观念。那些会背书答题，或是性格不一定适合长期投身教育工作的，就不见得能通过这项考试。

通过第一关的学生，就得进入第二关——心理测验。测试一个教育系学生的心理素质是否合适接受培训，能否胜任未来教育需求，以及在学校能否解决各项学生学习和学生群体中各项人际冲突与融合问题等。

芬兰教育系的招生改革值得我们学习和思考的地方颇多。

首先，没有最好，只有更好。

芬兰教育已经够好，然而，他们没有躺在世界评比领先的功劳簿上飘飘然，而是居安思危、精益求精。他们想的是，自己还存在哪些缺点和不足，如何去改进，如何去寻求更好的发展。

其次，反思我们的师资队伍存在的问题。

我们的教师队伍是否存在许多现实问题呢？比如，仅仅拿从教作为养家糊口的职业来对待；不知道怎么把知识传授给学生；不懂得学生管理，课讲得不赖，但学生不认真听讲，自己又束手无策；只知道传授知识，不懂得也不重视学生思想素质提高和良好习惯养成；只重视提高学生考试成绩，不懂得培养学生创新意识和能力；以及师德方面存在的种种问题等。

最后，教师招聘方法有待于研究和提高。

现在通行的教师招聘方式就是笔试和面试。笔试，就是考核教育理论知识；面试，就是试讲、答辩。笔试和面试，都可以通过参加培训班强化训练来通关。如此招聘方式招聘到的教师将来真的能够成为合格教师吗？被招聘者的敬业精神和师德水平如何衡量呢？一年的试用期时间够不够呢？试用期考核应该以学校领导评价为主，还是应该以学生的评价为主？这些问题还真值得进一步研究。

要平等还是"精英"

总有人认为，芬兰教育有一项弱点，那就是它不强调、不凸显"精英"教育；反而一直以众生平等受教的观念，尽量让大多数学生享有相同品质的授课。

这是为什么呢？芬兰相关人员如是说：

"我们不需要培养出一个无法融入社会的天才，我们要的是能与大家相处的人才。"

"我们不会一直凸显或强调优秀的孩子，因为，在孩子的心里，或多或少都心知肚明。"

"竞争会带来什么好处？你可以证明给我看，过度竞争的优点在哪里？其结果是什么？"

"天资聪明固然好，但是只一味地追求智力，却缺乏与朋友、同学互动能力的孩子，其实不是成功的学生。"

"每个人都有其价值。"

"聪明的孩子可以选择跳级，可是，他的社会适应能力准备好了吗？他的情绪管理能力成熟了吗？"

"只有智力领先，但却不能全方位成长，那是不对的。"

以上说法，就是一个主题，让全体孩子接受平等的教育，一个都不能少地共同发展，比培养精英的好处要多得多，更有价值，且意义重大。

尽管仁者见仁，智者见智，但是我们不能否认，这些说法都是有一定道理的。

芬兰不强调精英教育，当然也有人担心资质优秀或课业成绩突出的孩子。拥有特殊才能与兴趣的孩子，可以从初中起就选择以数学、运动、艺术、音乐等为重点的学校去读。芬兰社会与家长心目中还是知道哪些是所谓"明星"级的高中，但那是一种个别选择，不是唯一的方法。

赫尔辛基市府教育局的比雅说："每个孩子，一定有性格与能力上的可取之处，如果学习不好，不代表必然没有其他的优点。如果音乐不强、美术不行，那他可能擅长运动。"

这些谈话的所有结论都在说明，人一定有一种强项吧！

陈老师惊讶地想，从小耳熟能详，甚至倒背如流，用来安慰别人也安慰自己的话，譬如"天生我材必有用""有教无类""适材适所"，竟在偏远极地的芬兰，这几十年，不断地被实现。且他们一再强调，教育就是应该帮助孩子们找到自己的优势，而不是要他们全部往一个模子里去套，套不好的就被迫放弃，就被视为"落后"。

帮助孩子们找到自己的优势。我想，这不就是我们每个教育工作者的教育理想和责任吗？我想，这也应该是教育的初心吧。

后记　芬兰做到了，我们也行

陈之华老师这本书的后记，题目叫作：芬兰做到了，我们也行。说得很好！芬兰做到了，我们一定也能做到。因为，我们的国家是社会主义中国，教育均衡，是我们一直在为之努力的目标，并且我们已经取得了巨大成就。全力推进素质教育和实现城乡义务教育优质均衡，是我们正在为之奋斗也一定能够实现的两大教育目标。相信我们伟大的祖国在不久的将来一定会成为教育强国。

二、对我影响最大的一次专家讲座——胡新懿的《以人为本，全面实施素质教育》

2010年10月，在中国教师教育视频网于济南举办的教育改革论坛上，我有幸聆听了胡新懿老师的这场题为"以人为本，全面实施素质教育"的讲座。这场讲座使我更加深刻全面地认识到了中国教育存在的问题，使我认识到素质教育取代应试教育的必要性和必然性，使我认识到中国教育到底应该走向哪里，使我认识到我们基础教育改革到底应该怎么改！

下面是胡老师这场讲座的主要内容和我对胡老师这场讲座的感悟。

（一）三个小故事

故事一：任继愈老先生谈中国教育

任继愈老先生曾尖锐的指出中国教育存在的一些问题。他说中国教育有"三缺少"：缺少做人的教育；缺少历史传统教育；缺少创新教育。

可以说，任老一语中的！他一针见血地指出了中国教育存在的问题，尤其是他所说的缺少做人的教育和缺少创新教育，更是准确地指出了中国教育存在的两个最大最严重的问题。

所谓缺少做人的教育，就是指缺少道德教育，或者说德育教育存在严重的问题。我们的教育目标是培养德、智、体、美、劳全面发展的社会主义建设者和接班人，"德"放在了首位，按这一思路，我们的教育就应该在德育上花最大的气力，也就是说，我们应该把培养孩子良好的道德品质放在教育工作的首位。但是，我们现实的应试教育落实德育的方式就是把德育教材变成应试教育的死知识，让学生死记硬背条目，或者仅限于从理论上进行论述，从而使德育这门课在考试中能取得师生都觉得理想的分数。至于德育教材上的知识是否转化成了学生的内在道德素质，却没有多少人真正关心，结果，这些德育教材上的知识也真的很少转化为学生的道德素养。

所谓创新教育，就是培养孩子创新意识和创新能力的教育。我们的教育注重培养学生的应试意识和应试能力。为了能提高学生的应试成绩，只要能让学生获得高分，不惜牺牲孩子的身心健康。至于创新意识和创新能力，考试不考，所以，我们的教育很少顾及。然而，分数不代表能力，我们的教育不能只培养高分低能的学生，除了会考高分，其他几乎都不行。

任老所谓的缺少历史传统教育，胡老师没有解释。我个人认为，是指缺少为我们建立中华人民共和国而奋斗的老一辈无产阶级革命家那种艰苦奋斗、廉洁奉公、全心全意为人民谋幸福的精神和作风的教育。

故事二：钱学森之问

温家宝曾多次看望钱学森先生，钱学森总是问到一个问题，为什么中国教育培养不出杰出人才？

2010年五四青年节，温家宝总理在北大与师生共同庆祝，对北大师生说了这样一段话："钱学森之问对我们是一个很大的刺痛，也是很大的鞭策。钱先生对我讲过两点意见：一是，让学生去想去做那些前人没有想过做过的事情，没有创新就不会成为杰出人才；二是，学文科的要懂一点理工知识，学理科的要懂一点文史知识。"这就是胡新懿老师认为的温总理作答的钱学森之问。他说，实际上总理是用钱老自己的话来作答钱学森之问。

故事三：英国首相布朗的报告

英国首相布朗曾在英国做了一个科技报告。他说，英国这样一个不大的国家，仅英国剑桥大学就培养出80多位诺贝尔奖获得者，这是值得自豪的。他认为应对当时那场国际经济危机最终起作用的是科技，是人才和智慧。

诺贝尔奖，一直是中国之痛！诺贝尔自然科学（物理、化学、生物或者医学）奖得主的数量，可以说代表了一个国家的高科技发展水平。截至2017年，诺贝尔科学奖一共颁发了745项，前六名的国家分别为，美国共315项、英国98项、德国78项、法国56项、俄罗斯27项、日本27项。这样的结果，难道不值得我们深思吗？国际中学生奥林匹克数、理、化比赛，我们中国学生的成绩遥遥领先，但就是没有创新人才，难道不是我们教育之过吗？

（二）树立新的人才观

有关我国高等学校招生的一组数据：高等学校招生数量年年增加，2001年的264万到2010年661万，2020年达到当年高中毕业生的40%，招生900万。在中国，现在上大学，更多的是反映出人文化水平的提升，不能赋予更多的内容。另外，上大学，是人这一辈子应该有的一次经历。

胡老师的这段分析和见解，暗含着对我们的高校培养模式的不认可。实际上，我们的大学在对学生的培养方面是存在问题的。基础教育阶段是应试教育，目标是考大学。而我们的高等教育基本上还是应试模式，各门课程能够考及格，再完成毕业论文，就可以毕业。至于在大学四年里提升多少能力和素质，没有多少人关心，也没有具体的标准来衡量和评价，而且具备什么样的能力和素质更没有成为大学生毕业的必要条件。

1.高考改革

高校自主招生，许多题目学生不会做。清华大学要求身体不好不予录取。复旦大学千分考，200道题，每道题5分，孩子们答得都不理想。自主招生，是尖子生以后上大学的主要途径。

自主招生的命题的确有创意，奔着考察孩子的综合素质去的。然而，这种自主招生能够招多少学生？这一扎猛子出一次这样的题目难倒少数学生，能够改变多数高中生仍然需要面对的以分数论英雄的高考吗？要改革应试教育的局面，全面提升孩子的综合素质，那就要改变高考方式，所有大学都以对学生综合素质的考察来录取大学生，少数大学的自主招生是改变不了什么的。

2.大学生就业

联合国教科文组织主张，大学生毕业后要根据自己的特质，创造适合于本人的工作机会，主张走出校门自己当老板。2010年，我国高校毕业生自己当老板的人数占1.6%，国际水平为20%，差距巨大。

这里说的是培养大学生的独立自主的精神，这种精神不是说一说他就可以具备的，需要我们的在教育过程中有意识地去培养。

3.人才观念

1983年，美国科学家加德纳先生提出了多元智能理论，他认为，每个人都有8种不同结构的智能，每个人的智力都有独特的表现方式，我们很难找到一个适用于任何人的统一评价标准来评价一个人聪明与否。传统智能理论关注的是你的智商有多高，现代智能理论关注的是你的智能属于哪种类型。比如，你高考一个学科不行，不代表其他学科都不行。

上海的老局长吕邢伟吕老说："人人有才，人无全才，扬长避短，人人成才。我们通常说的是，取长补短，而不是扬长避短。

3.74亿学生，每人一个样，就是3.74亿个人才！这就是五种人才培养观念：全面发展、人人成才、多样化人才、终生学习、系统培养。全面发展是指德智体美劳全面发展。

胡老师的这段话道出了我们的学校教育存在的一个严重问题，那就是按一个标准来塑造我们所有的孩子，不考虑孩子的个性差异，不善于发现每个孩子的长处，没有根据扬长避短的原则来把所有孩子培养成不同的人才。

每个人都有自己的长处和优点，也都有自己的短处和缺点。这就是"尺有所短，寸有所长"的道理。教育工作者要善于用发现和欣赏的眼光看待每一个孩子，扬长避短，把每一个孩子当作不同的人才来培养。那么，所有的孩子都是人才，每个孩子都是不同的人才。

但是，又有多少教育工作者以这样的观点和方法来看待和培养我们的孩子们呢？原因是什么？归根结底，还是教育评价标准的问题，即一刀切的应试教育评价标准，使我们的教育工作者不得不如此。

（三）深化课程改革

1.课堂教学改革是课程改革的重点

胡老师说，课堂教学改革是课程改革的重点。我认可这种观点。学校教育包括四个大的方面：目标、课堂、课程、考核，这就决定了教育改革也是围绕这四方面进行。我们的教育目标是培养德智体美劳全面发展的社会主义建设者和接班人，有了明确而正确的教育目标，如何来考核或者说按着什么标准来考核我们的教育是否达成既定目标或者说是否按照既定目标去实施了，就成了第二个问题。我们是怎么来考核我们的教育的？答案是主要通过考试来考核。那么，通过试卷能够考核我们的教育是否实现了孩子们的德智体美劳全面发展的目标吗？显然，答案是否定的，而且，我们通过应试来考核教育是非常片面的，问题也是严重的，这种教育考核方式使我们的教育走入了应试教育的歧途，使我们的教育忘记了初心和使命。所以，我们的教育改革首先应该对现行的教育考核方式进行改革。但是，这种改革是很难的，它需要一个漫长的过程。如此，就剩下了课堂和课程两个方面，我们该先从哪个方面开始改革呢？答案就是首先改变我们的课堂，在应试教育暂时不能改变的前提下，我们只能通过课堂教学方法，即学生的学习方式的改变，使孩子们在获取应对考核所需要的知识的过程中，能够提升自己的综合素质和能力。所以，课堂与课程之间，就教育改革而言，应该先课堂后课程。

2.令我们深思的小故事

1996年11月20日，在日本一个乡村小学里，一个小学四年级的孩子，为了不挡着同学们看黑板，在黑板前跪着给同学们讲题。

一个四年级的孩子，为了方便同学们看黑板跪着给大家讲题这件事，是真正高度重视学生的道德素质的培养，且注重通过细节和小事来引导和教育孩子按着一定的道德标准来约束和要求自己的体现。孩子的表现是学校、老师和家长对其教育的体现，绝不是自然发生的。

第二章
我对教育的再认识

一、教育初心

一个人，从幼儿园开始，到小学、初中、高中，再到大学、硕士研究生、博士研究生，一共要接受20年甚至更长时间的教育，好多人一生四分之一的时间都在学校度过。一个人接受这么多年的教育，到底为了什么？想一想教育最初的目的就清楚了。教育的最初目的是，人们为了生存下去就要获取生存下去的方法和途径，而获取生存方法最主要的途径就是从长者或者前人那里获取生存经验。人们获取生存方法的过程就叫作学习，或者叫作接受教育。接受教育就是为了生存，等到基本的生存问题解决了，人们还想过得更好一点，用什么方法过得更好一点呢？还是那条途径。这样，接受教育的目的，就是为了生活得更好一点。

每个人的生活水平都提高了，整个社会的发展水平也就提高了，也就是说教育在推动整个社会的发展。

二、教育观念

追根溯源教育的初心，我有了一个对学校教育的坚定理念，那就是学校应该成为孩子健康成长的乐园。如果孩子在学校接受教育时不能身心健康快快乐乐地成长，那么是违背了教育的初心的。孩子在接受教育的过程中就应该吃苦受罪，就应该"头悬梁，锥刺股"，"不吃苦中苦，难得甜上甜"，"书中自有黄金屋，书中自有颜如玉"，这是对教育的扭曲和异化。当然，这些说法和让孩子在接受教育时经受各种身体与心理的历练是完全不同的两回事。

三、教育目标

教育的目标如何定位？国家确定的总的教育目标是培养德、智、体、美、劳全面发展的社会主义建设者和接班人。幼儿园、小学、初中、高中，大学及研究生教育，各学段都有各自的学段特点和不同的教育教学内容和任务，所以，在总目标的指导下，我们可以根据各学段的教育教学内容和孩子的身心发展特点，确定各学段的具体教育目标和任务。

不知道什么时候，德智体美劳五个方面，"劳"被有些学校悄悄地去掉了，成了德、智、体、美四个方面，当时我就觉得把"劳"去掉是不恰当的。因为，劳动意识和劳动能力是人的基本素质，如果一个人丧失了基本的劳动意识和劳动能力，那是件很可怕的事情。科技再发达，机器人和人工智能再高端，也永远不能代替人本身的基本的劳动意识和劳动能力。

四、教育改革

（一）改革原因

作为一个教育工作者，应该对教育有一个理性的认识，尤其对我们的教育现状和教育的正确目标有一个清醒的认识。作为一个负责任的教育工作者，更应该从教育与国家振兴和民族素质提高的关系的角度来思考我们的教育存在的问题，来思考我们的教育应该走向哪里。

1.寻求新发展的需要

在我们寨头堡学区全体教育干部和教师的共同努力下，寨头堡学区中小学的教育教学成绩一直位居乐陵市农村中小学前茅，可以说，多年来我们一直在领跑乐陵市农村教育。在这种情况下，寨头堡教育发展的方向在哪里？我们如何才能打破自身发展的瓶颈，谋求新的发展？通过几年的探索和研究，我们觉得只有进行教育教学改革，才能使我们的教育教学质量再上新台阶，才能实现寨头堡教育新的跨越式发展，才能使寨头堡教育冲出乐陵走向全省乃至全国。因此，我们确定了通过改革谋求新发展的思路。

2."救师生于水火"的需要

为了提高教学成绩，我们的老师们教得很累，学生也学得很苦。师生的大量休息和娱乐时间都被应试教育剥夺了。只有从课堂教学改革入手，提高课堂效率，向课堂效率要分数，才能"解救师生于水火"。

3.探求教育归宿的需要

教育的最终归宿也就是教育的终极目标是什么？我认为，其实际上和各行各业是一样的，即从微观上说，是为了让每个受教育者能够生活得更加幸福；从宏观上说，是为了推动整个人类社会发展。

应试教育在一定的历史时期对个人和社会的发展确实起到了一定的推动作用。它对个人的最大作用是通过应试的形式给广大民众提供了公平竞争的舞台，一些人凭借自己的应试成绩脱颖而出，使自己的人生价值一定程度上得以体现。应试教育对社会发展的作用是，在一定历史时期，国家通过应试的方式选拔出了一些符合应试标准的人才，这些人才在一定程度上也为社会的发展做出了很大贡献。但是，随着时代的发展，社会对人才的需求发生了很大的变化。应试教育培养出的人才越来越不适应社会发展的需要。

什么样的教育可以给个人带来幸福并且推动社会的发展呢？答案是素质教育。素质教育培养的是德智体美劳全面发展的人，这样的人才会推动社会的发展。

4.提高国民素质的需要

我们要实现中华民族伟大复兴的中国梦，有一个重要的基础和前提，那就是国民整体素质的不断提高。那么，国民素质如何才能提高呢，这需要全社会转变观念，共同努力，但是，我们不得不说，教育承担着提高国民素质的主要职责和任务，因为我们的学校，我们教育的职责就是教书育人，我们的育人目标就是培育德、智、体、美、劳全面发展的社会主义建设者和接班人，而德智体美劳全面发展就是指人的整体素质的提高。

（二）改革方向

1.中国教育现状分析

（1）素质教育提倡了二十年，应试教育仍是主流从1999年6月3日《中共中央国务院关于深化教育改革，全面推进素质教育的决定》（中发[1999]9号）出台后一直到现在，从中央到地方不断出台各种文件，号召和要求各级各类学校大力推进素质教育，并且采取了一系列措施和督导办法。但是直到现在，农村学校应试教育为主的局面仍没有改变。

（2）应试教育和素质教育是否矛盾

应试教育和素质教育的目标、实施过程和评价标准三个方面都不同。

应试教育的目标就是提高学生的应试分数，基本不管学生综合素质的高低。基于这样的目标，在应试教育实施过程中，基本忽视德、体、美、劳四项，一切教学和学习活动都围绕提高纸上的应试成绩而为，把时间和精力都用在提高纸上谈兵的笔试成绩上，几乎忽视应试能力以外的所有素养和能力的提升，或者说，为了提高孩子纸上的应试成绩，没有精力和时间来提升孩子的综合素养。在教学中的具体表现为，中高考考的科目就学，不考的不学或者应付了事。在教学中只注重通过大量刷题来提高学生的应试能力和纸上的考试成绩，不注重甚至根本不管学生自学、创新、辩证思维等能力的提升和培养，不关注学生身心健康，不注重学生道德素质及良好生活习惯的培养。应试教育的评价标准就是表现在纸上的应试成绩的高低，几乎不看学生实际的素养和能力，即不看孩子是否全面发展。

素质教育的目标是提高孩子的综合素质，即要求孩子德、智、体、美、劳全面发展，不看中孩子的分数高低。因此，在实施素质教育的过程中，针对学生的德、智、体、美、劳诸方面都是均衡且适当用力，不偏废任何一方面。在学校教育中的具体体现为，对应于德、智、体、美、劳这些素养开设的各个学科，占有同样重要的位置，没有主科和副科之分。而这种没有主、副科之分的最重要标志就是，在对学生和教师的考评中，各种类型的考试中（当然包括升学考试），各学科分值占有同样的权重。在实际教育教学过程中，教师注重学生的自学、创新意识与能力和提出问题、发现问题及解决问题能力的培养，注重学生身心健康和良好的道德素质及学习和生活习惯的培养。而且更重要的是，各种考核、考试尤其是中、高考的标准要看孩子的实际素养和能力，而不是仅仅看纸上谈兵的笔试成绩。

2.面对应试教育的现状教育应该怎么改革

素质教育是教育的最终归宿，我们必须要坚定地走素质教育之路。这是我们追寻教育归宿的需要，是解放师生的需要，是关注民族大义的需要，更是实现中华民族伟大复兴中国梦的需要。

现在我们正处于应试教育向素质教育发展的转型期，彻底改变应试教育的现状，完全实行素质教育，目前时机还不成熟。基于这个现状，解决问题的唯一办法就是在两者之间寻求一个契合点，找到一个既能提高学生应试成绩，又能提高孩子综合素质的办法。这就是我们进行教育教学改革的目标：在应试教育和素质教育之间寻求一个恰当的契合点。

第二部分

让教育回家
——教育改革的前奏

第一章

开全课程，促进孩子德、智、体、美、劳全面发展

我们的教育教学改革经历了一个较长的过程。2010年至2014年这五年是一个时期，2014年底至今这几年基本是一个时期。其实，最初那个五年我们做的那些事情，不叫改革，我们只是把学校教育应该做而没做的工作做了，仅此而已。然而，我们这个阶段的工作我觉得也可以叫作改革，因为，我们做的这些事情，在当时我们乐陵市的学校甚至当时好多其他地方的学校都没有做，当然，我们学校以前也没有做，但是，在这个阶段我们尝试着做了。

一、开设音、体、美、写字课

开全课程，开齐音体美写字课，是实施素质教育，落实我们的教育理念"学校应该成为孩子健康成长的乐园"的重要途径。如果一所学校连国家规定的基本课程都开不全，那素质教育就完全是一句空话。有老师可能说，开全课程还值得一提吗？是的，开全课程是一个正规学校应该具备的起码的条件。但是，对于像我们这样的农村学校来说，想开全课程真不是容易的事，尤其是在那个时期。为什么呢？

（一）背景和现状

当时，教育局考核全市各小学的主要指标是学生的考试成绩，而且只考语文、数学、英语、科学、社会，其他像音、体、美、信息技术等学科根本不考。

当时的农村小学没有音体美专业老师。音体美是专业性很强的学科，他们不像语文、数学，可以"现学现卖"，没有音、体、美方面的天赋条件和专业素养，想教授音、体、美课程，那几乎不可能。

由于以上原因，像音体美这些不考试的科目在我们这里通常不开设，如果哪个学校要开设这些课程，会遇到来自各方面的很大阻力。

（二）采取的策略

我们分析了基础教育阶段开设音体美课的目标，结合我们农村学校和农村孩子的实际以及我们坚持的教育理念，我们首先确定了针对于我们学校自身的各小学科的教学目标，然后考虑采取哪些措施来把音体美课开起来。

1.分析确定开设音体美课的目标

根据现状，我们认真分析了基础教育阶段开设音体美课的目标。我们认为，开设音、美课的目标有四个：一个是让学生了解音乐和美术这种艺术形式；二是激发学生对音乐和美术的兴趣，培养孩子学会感受和欣赏音乐、美术的美；三是调节孩子的心情，让孩子因为喜欢音美课而更加喜欢学校；四是培养少数有音美天赋的孩子的音乐、美术素养，为今后在这种专业方面有所发展打下基础。

我们觉得，前三个目标，即孩子通过音美课了解音乐和美术，学会欣赏音乐和美术作品，以及因为喜欢这两门课程而喜欢学校，从而不想辍学，是开设两门课程的主要目标。至于第四个目标，培养音美专业人才，那不是基础教育音美课主要目标。

开设体育课的主要目标也有四个，一是锻炼身体，使学生有一个健康的体魄；二是让学生喜欢体育，让每个学生都有一项陪伴终生的体育爱好，使之终身受益；三是调节孩子的心情，给孩子一个喜欢学校的理由；四是进一步提高有体育天赋学生的体育素养，为今后走体育专业之路打基础。

开设写字课的目标，一是培养学生良好的书写习惯（坐姿和握笔姿势）；二是让学生能够把字写得工工整整；三是培养学生对书法的兴趣和欣赏书法作品的素养；四是提高有书法天赋和爱好的学生的书法素养，为孩子在书法方面进一步深造打下基础。

音体美及书法是专业性很强的学科。我们没有专业的音体美和书法老师，所以，想实现第四个目标，培养孩子的专业特长，实现学生在专业方面的长足发展是很困难的。并且，只有少数孩子具备专业天赋，所以，前三个目标才是我们学校要实现的主要目标。

2.自定课标自编教材

根据没有音体美专业教师的现状和我们确定的音体美的学习目标，我们自己编写音体美课简易课程标准和内容。

音乐课包括两项内容：音乐欣赏和唱歌。音乐欣赏主要是乐器演奏欣赏，而乐器主要是民族传统乐器，如二胡、笛子、唢呐、葫芦丝、扬琴、古筝等，这些乐器都是中国传统文化的瑰宝，是中华民族的瑰宝。它们演奏的音乐都独具魅力，各自都有独特的表现力，表达了独特的思想和情感。作为中国孩子，应该熟悉这些乐器和这些乐器所演奏音乐的特点和风格，也一定要享受和懂得这些乐器演奏的音乐，从而丰富自己的生活和情感。此外，我们还选择了几种受世界各国人民普遍欢迎的西洋乐器，如萨克斯、钢琴、小提琴等。

大部分人喜欢歌曲，不但喜欢听，而且喜欢唱。不管是唱歌，还是听歌，大部分人是为了愉悦身心，说白了就是为了开心。所以，基础教育的音乐课应该把唱歌作为主要教学内容之一。

没有专业老师怎么办？音乐课上用多媒体或者播放器播放，让孩子直接听，不管是乐器欣赏还是唱歌。歌曲是听了以后，跟着唱。网络和多媒体及播放器成了音乐教师或者代替了音乐教师。这虽是无奈之举，但是在很大程度上解决了音乐专业教师匮乏的问题。这种上音乐课的方式也基本能实现我们既定的基础教育阶段音乐教育的目标。如果有音乐天赋出众的孩子，歌唱得不错，那么，就让这样的孩子来指导其他孩子唱歌。

美术课包括两项内容：美术作品欣赏和绘画及手工制作。美术作品欣赏也是以中国传统美术的艺术形式为主，内容包括工笔画、写意画、剪纸、泥塑。这些中国传统美术作品特色鲜明，独具意蕴，可以说，也是中华民族的瑰宝,我们不但让孩子了解中国传统美术作品的特点、价值和意义,更要让孩子们了解个体作品的深意和特点,学会欣赏这些作品。

同样,这种欣赏课,也是由多媒体来代替教师完成,因为我们没有专业的美术教师。对于绘画和手工,我们也是通过多媒体课件的演示来指导学生。这样,对于学生的完成情况我们的要求就比较低了,只要学生乐于画就好,因为我们没法对学生进行更专业的指导和评判。但是,我们觉得,凭我们现在的师资条件,能够把这门课程大胆地开起来了,这就是我们的成功。我们相信,无论是从当前的学习,还是对今后的发展来说,我们用自己的方式开设的这些课程,都会对我们的孩子产生一定的积极影响。

我们的写字课包括传统四体书法认识和硬笔字书写。书法是中华民族特有的艺术形式,尤其是颜、柳、欧、赵四体书法,是我国书法宝库中的精髓。了解、认识书法艺术,尤其是四体书法的特点,学会欣赏书法作品,是我们的每个孩子都应该具备的基本素养。而写硬笔字(铅笔、钢笔等)是现代人必须具备的技能,写一手工整甚至漂亮的硬笔字不但是一件值得人自豪的事情,而且也会给一个人的成功增加一定的砝码。所以,我们把硬笔字书写作为写字课的主要内容之一。毛笔字书写不重要吗?当然也重要,但是鉴于我们没有这方面的老师,而毛笔字教学必须要有专业老师指导才行,所以我们只能通过多媒体教学开设这方面的鉴赏课,而无法开设开毛笔书写课。

体育课我们自定了六项内容:队形队列,校园广场舞,跳绳、踢毽、呼啦圈和四球(篮球、乒乓球、羽毛球、足球)。相对于美术和音乐来说,体育教师不要求有那么高的专业素养,有些老师还或多或少会点体育项目。我们的教学方法仍然是通过用多媒体播放网上下载的教学视频或者课件来教学生,有时候承担体育课教学的老师自己去请能够教我们规定的体育项目的老师来给学生指导。

每天上午的大课间校园广场舞,加上一节体育课或者下午的一节体育课外活动,我们保证了孩子们每天一个小时的体育锻炼时间。身体是做好一切事情的本钱,这不能仅仅只是一句口号,我们要落到实处,要切实为孩子的终生发展奠基。我们觉得，真正的素质教育首先应该从给孩子一个健康的身体开始。

3.教学成绩计入师生考核

怎样能够促使非专业的教师们把专业性很强的音体美写字和实验课尽量上好呢？唯一的好办法就是计入教师的考核，而且要把这些课放在和语数外同样重要的位置进行考核。我们这种做法，开了乐陵市的先河。但是，我们秉承的两大教育理念——学校应该成为孩子健康成长的乐园，基础教育的目标应该定位在培养德、智、体、美、劳全面发展的好少年，促使我们必须这样去做，我们觉得这样做才是真正做教育，真正为孩子和社会负责。

为了防止音、体、美、写字、实验等学科的开设沦为应试教育的手段，避免加重学生负担，达到我们真正实施素质教育的目的，对这些学科的考核我们采取了只进行实际操作考试而不考理论的方式。我们顶住压力克服困难开设小学科和对这些学科采取的打破常规的独特的考核方式，受到我们乐陵市教育局历届领导的称赞和认可。现在，我们乐陵市教体局也开始对全市中小学进行"六个一"考核，即音、体、美、写字、实验、信息技术等六项技能的学生操作考核。

寨头堡小学音、体、美、写字、品德课及课外活动
学习内容和考核方式
（2011—2012（上）学年试行）

一、学习内容

（一）音乐

1.学唱歌曲（一、二年级每学期各6首，三、四、五、六年级每学期各4首）（25分钟）；

2.器乐独奏欣赏：二胡、笛子、唢呐、葫芦丝、扬琴、古筝独奏欣赏（一、

二年级前四种，三、四、五、六年级六种）（15分钟）。

（二）体育

1.队形、队列、四面转法、齐步走、齐步跑（7分钟）；

2.广场舞（8分钟）；

3.体育项目学习（25分钟）

全乡统一训练和考核项目为跳绳、踢毽和呼啦圈；有条件的学校（新建操场交付使用）可以自行增加球类等项目。各年级所有体育类项目本年级每个学生都要参加，但各人可以有所侧重。统一项目（跳绳、踢毽、呼啦圈）考核时只考集体表演，所以，体育课上不但要有单人训练，而且要有学生集体训练。

注意：体育课必须设置在没有体育课外活动的日子，即保证孩子每天有不少于40分钟体育活动。

（三）美术

1.美术作品欣赏：国画——工笔、写意，简笔画，手工（剪纸、泥塑等）（10分钟）；

2.根据统一课程要求学习绘画和手工（30分钟）。

（四）写字

1.书法名家作品欣赏：颜、柳、赵、欧四体（一、二年级前两种，三、四、五、六年级四种）（10分钟）；

2.在教师指导下按写字教材写字（30分钟）；

3.正确的坐姿和写字姿势的训练与养成（贯穿整堂课）。

（五）品德

用品德课本教学，根据《品德》课本的每一课内容确定几个问题，让学生通过"想一想"、"议一议"、"说一说"、"评一评"（与"说一说同步进行"）、"做一做"五步进行教学，不允许有背诵任务，但是第五步"做一做"必须留有痕迹——社会或者家庭实践活动任务要留有照片，动手操作的任务留有实物。

注意：由于五年级教材不适宜对学生进行品德教育，故五年级用四年级教材。

（六）课外社团活动

1.一至五年级每个孩子都参加两个社团——体育类和智力类；六年级只参加体育类。各类社团招收学生必须坚持两个原则：必须是学生自愿参加（学生报志愿，师生双向选择）；保持各社团学生数的均衡（人数基本相等）。

2.社团活动项目：

（1）体育社团：各年级活动项目都为跳绳、踢毽、呼啦圈，每个孩子各选一种。

（2）智力社团：象棋、围棋和不带本班体育社团的老师的自选项目（每人一个项目）。

3.社团活动定时间，定地点

（1）时间：每周活动三次，统一设置在周一、三、五；智力社团每周活动两次，设置在周二、四。

（2）每个班的每种社团都要确定准确的地点活动，尤其是体育社团，各班和同一班的不同社团区域和界限都要分明，各社团不能相互干扰。

4.教师带团标准

非毕业年级每班由一位教师带本班体育社团（跳绳、踢毽和呼啦圈），另一名教师和英语教师自选智力社团。六年级数学老师带男生体育社团，语文老师带女生体育社团。棋类两个社团由一名教师带。

智力社团举例：象棋、围棋；书法（硬笔、软笔）、绘画、剪纸、泥塑、舞蹈（非广场舞）、歌曲、戏曲、乐器、机械制作、动漫制作、英语口语及其它类等。

智力社团不分年级，一个学校的一种智力社团只设一个，即一至五年级参加同一种智力团的学生归一个老师带。

二、学习目标：见上文规定。

三、考核办法

（一）分值规定

以上五种学科和课外活动满分各100分，每位老师的学期最终考核成绩为语综或者数综与各门小学科及课外活动成绩的平均分，即在分值上各学科之间是均等的，不论大小学科。

（二）各学科考核办法

对各小学科和课外活动通过三种形式进行考核：检查课堂（每少上一节从期末成绩中直接减去1分），课堂教学评估（占考核总成绩30%的权重），教学内容考核（占考核总成绩70%的权重）。

1.检查课堂：一节课不上（包括不按时上课下课和中间换内容）从本学期总成绩里直接减去1分；

2.课堂教学评估：每学期对小学科课堂教学进行几次评估，评估内容一是是否按规定内容教学（占50%的权重），二是课堂教学效果怎样（占50%的权重）。

3.教学内容考核

（1）音乐

①乐器演奏（有配乐的独奏）欣赏考核：欣赏一段演奏，能够在规定时间里辨别出是何种乐器演奏并简单说一说感受（发挥）或者回答老师的简单提问（30分）；

②正确演唱规定歌曲（70分），要求曲调准确（50%的权重），音高适中（25%的权重），声情并茂（25%的权重）：

a.个体演唱（最少三名同学演唱，满分各10分，共30分）；

b.集体演唱（40分）。

（2）体育

①队形、队列、四面转法、齐步走、齐步跑10分；

②广场舞（10分）

从动作到位程度、精神状态、面部表情三个方面考核本班学生集体表演广场舞情况。

③规定体育项（80分）

跳绳、踢毽、呼啦圈都要集体考核，各项目都要三种以上花样，各花样间巧妙过渡。跳绳和呼啦圈每种花样做20个，踢毽每种花样做10个。

（2）美术

①检查美术作业，每生每节课一篇，每少一篇从总成绩中减0.1分。

②美术欣赏考核：能够鉴别出国画中的工笔画和写意画、简笔画及手工作品等艺术种类，并能根据老师的要求说一说自己对某幅画的感受。（30分）

③根据要求画一幅画。（70分）

（4）写字

①周一至周五每天30个字的书写作业，根据数量和质量打分（15分）；

②能够分辨一幅字的体式（颜、柳、赵、欧）并能回答相关问题（15分）（一、二年级前两种，三、四、五、六年级四种）；

③根据要求写一篇字（50分），写字姿势规范（20分）。

（5）品德

①检查"做一做"留下的痕迹（照片、作品等），根据数量和质量两个方面打分，数量25分（每一人少一次减去0.1分），质量25分，满分50分。

②好孩子家庭表现记录表25分，好孩子学校表现记录表25分。这两项分别从数量和质量两个角度评价，各占50%的权重，数量评价标准为每一孩子每少一次减去0.1分。

③"每周好孩子"按时挂牌表彰，一次不按时减1分。

（6）课外活动

①体育项目

跳绳考核集体（三种花样，每种做20个）、单人（6种花样，每种做20个）、小组（三种花样，每种做20个）；踢毽考核集体（三种花样，每种做10个）、单人（6种花样，每种做10个）、小组（三种花样，每种做10个）；呼啦圈考核集体（三种花样，每种做20个）、单人（6种花样，每种做20个）。

②智力项目：考核学生实际操作（每种活动至少考核6名以上同学）（100分）。

寨头堡教委课改领导小组

2011.10.25

2011—2012学年第二学期寨头堡乡小学
一、二年级音乐测试题

学校：_____ 姓名：_____ 考号：_____

时间 30分钟

一、欣赏一段乐器独奏，你能听出这段乐曲是用什么乐器演奏吗？在乐器名称下面打"√"（30分）

第一首：1.扬琴 2.葫芦丝 3.笛子 4.唢呐 5.二胡 6.古筝
这段乐器演奏的特点是什么？在你认为正确的选项后面打"√"

A.流畅婉转，孤独感伤。

B.节奏舒畅，优美缠绵。

C.节奏明快，热烈奔放。

第二首：1.扬琴 2.葫芦丝 3.笛子 4.唢呐 5.二胡 6.古筝
这段乐器演奏的特点是什么？在你认为正确的选项后面打"√"

A.流畅婉转，孤独感伤。

B.节奏舒畅，优美缠绵。

C.节奏明快，热烈奔放。

第三首：1.扬琴 2.葫芦丝 3.笛子 4.唢呐 5.二胡 6.古筝
这段乐器演奏的特点是什么？在你认为正确的选项后面打"√"

A.流畅婉转，孤独感伤。

B.节奏舒畅，优美缠绵。

C.节奏明快，热烈奔放。

第四首：1.扬琴 2.葫芦丝 3.笛子 4.唢呐 5.二胡 6.古筝
这段乐器演奏的特点是什么？在你认为正确的选项后面打"√"

A.流畅婉转，孤独感伤。

B.节奏舒畅，优美缠绵。

C.节奏明快，热烈奔放。

二、歌曲演唱（70分）

2011—2012学年第二学期寨头堡乡小学
美术测试题

学校：_____ 姓名：_____ 考号：_____

时间40分钟

第一板块：美术欣赏考核（30分，每幅画5分）

看图画选出正确的序号

第一幅：1.写意画　2.工笔画　3.手工　4.剪纸　5.泥塑　6.剪纸

第二幅：1.写意画 2.工笔画 3.手工 4.剪纸 5.泥塑 6.剪纸

第三幅：1.写意画 2.工笔画 3.手工 4.剪纸 5.泥塑 6.剪纸

第四幅：1.写意画　2.工笔画　3.手工　4.剪纸　5.泥塑　6.剪纸

第五幅：1.写意画　2.工笔画　3.手工　4.剪纸　5.泥塑　6.剪纸

第六幅：1.写意画　2.工笔画　3.手工　4.剪纸　5.泥塑　6.剪纸

第二板块：根据以下图画，自己画一幅画（70分，不用涂色）

寨头堡小学美术考核内容答题卡

学校：＿＿＿＿＿＿姓名：＿＿＿＿＿＿考号：＿＿＿＿＿＿

时间40分钟

一、看图画选出正确的序号，在序号前打对号（30分）

第一幅：1.写意画　2.工笔画　3.手工　4.剪纸　5.泥塑　6.剪纸

第二幅：1.写意画　2.工笔画　3.手工　4.剪纸　5.泥塑　6.剪纸

第三幅：1.写意画　2.工笔画　3.手工　4.剪纸　5.泥塑　6.剪纸

第四幅：1.写意画　2.工笔画　3.手工　4.剪纸　5.泥塑　6.剪纸

第五幅：1.写意画　2.工笔画　3.手工　4.剪纸　5.泥塑　6.剪纸

第六幅：1.写意画　2.工笔画　3.手工　4.剪纸　5.泥塑　6.剪纸

二、画一幅画（70分）注：印画不得分

2011—2012学年第二学期寨头堡乡小学五年级写字测试题

学校：_____ 姓名：_____ 考号：_____

时间40分钟

一、抄写下面的词语。（50分）

高歌　绿毯　柔美　渲染　勾勒　低吟　马蹄　陷入　牧童　幼稚

鸡笼　迫害　柳絮　喧闹　梳妆

1.写字姿势（25分）

2.书写效果（25分）

二、从4个选项中选出正确的字体，在正确字体后面打对号（15分）

（1）A.欧体　B.颜体　C.赵体　D.柳体

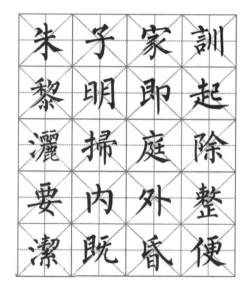

（2）A.柳体　B.颜体　C.赵体　D.欧体

（3）A.柳体　B.颜体　C.赵体　D.欧体

（4）A.柳体　B.颜体　C.赵体　D.欧体

二、开设科学实验课

（一）意义

实验课让孩子亲自动手操作，可以让他们亲历物理或者化学现象的产生过程，培养孩子动手操作的能力和对科学的兴趣，这是素质教育不可缺少的。

（二）背景

科学虽然是考试学科，但是，原来我们这里从来不考实验操作。老师们的通常做法是，从教材上把实验过程和结果画下来，让学生背诵，基本不讲解，根本不上实验课。我们要做真教育，实验课必须上，同时也必须考，因为不考就难以保证必做。

（三）措施

我们要求科学老师必须上好实验课，采取的措施就是科学学科要考实验操作。我们采取的考核办法是，好、中、差三类学生各抽取一部分，一个人一个人地考。每学期期中、期末两次考试，实验操作考试成绩占到科学学科总成绩的30%。这样逼着科学学科老师把科学实验好好地开起来。那些年，乐陵市科学学科考实验操作的只有我们寨头堡小学。

三、开设劳动课

劳动的意义十分重大。日常劳动对于人保持身心健康有重要作用，劳动意识和劳动能力的培养还是人类保持平等观念的重要条件。因此，可以说，对人而言劳动在任何时候都具有非凡的意义。

然而，实事求是地讲，现在好多人对劳动的意义认识不够，对劳动在孩子成长过程中的作用和意义的认识更加不到位。具体表现为，在家里，家长不舍得让孩子劳动，好多家长都不让孩子做力所能及的家务，甚至孩子都老大了连自己的内衣和袜子都不让洗；在学校里，为了孩子的安全和让孩子有充足的学习时间，学校和老师能不让孩子参加的劳动尽量不让孩子参加，有好多学校甚至连打扫卫生的活都承包给了保洁公司。弄得好多孩子什么都不会干，也不想干，甚至上了大学了连衣服都不会洗，生活不能自理。实际上，这样做的家长和学校是真正地害了孩子。

　　为了培养孩子的劳动意识和能力，同时让孩子们认识到劳动的重要意义，我们不但把学校里从校园、教室、功能室到厕所的一切打扫卫生的活都让学生来干，还专门开设了每周一节的劳动课。劳动课主要包括每周一次的全校卫生大扫除，给校园绿化苗木拔草、浇水、施肥和修剪，刷墙和油漆门窗，修补道路和墙壁等。

　　孩子们劳动任务的完成情况和表现，要记入个人和班级考评，作为孩子个人评选星级少年和班级评选先进班集体的重要指标。

第二章

打造美丽校园，建花园式学校

一、缘起

学校应该成为孩子健康成长的乐园。孩子一天大部分时间在学校里学习和生活，孩子们在学校里的学习和生活是否快乐也就直接决定了孩子们处于整个学习时期的人生阶段是否快乐。因此，学校能否成为孩子健康成长的乐园，对孩子积极阳光的性格和人生态度的形成是至关重要的，可以说直接影响到孩子一生的发展。那么，如何把学校打造成孩子健康成长的乐园呢？除了进行课程设置和教育教学方式方法的改革，给孩子们创造一个美丽的校园环境也是极其重要的。基于此，我们进行了打造美丽校园，创建花园式学校工程的建设。

二、乐陵市最美农村校园

在义务教育均衡化以前，我们的校园可以说是乐陵市包括城区中小学在内的最美丽的校园。

（一）三个第一和三个唯一：草坪 雕塑 假山

当时，我们的校园有乐陵市的三个第一和三个唯一：草坪、假山和雕塑。现在听起来，这些太稀松平常了，简直不值一提。但是，在10年以前的农村学校这些都是很难得一见的。那时的校舍还是20世纪90年代的破旧平房，有些甚至是危房；地面只有主路是破旧的红砖砌成的，其他地方都裸露着黄土，包括操场；绿化苗木单一且绿化面积非常有限。

基于当时的现状，对于校园地面的改造，我们坚持除了硬化就是绿化。虽然当时在学校改造上政府几乎不投入，但是，我们凭借省吃俭用过苦日子的精神，节省开支，杜绝浪费，把攒的钱都用于教育教学和校园改造。硬化地面买不起新的专用方砖，我们就到处淘货城区改造淘汰的旧方砖，实在不行就用红砖。通过我们的努力，我们的一处中学和四处小学的校园都做到了地面不见土，除了硬化就是绿化。

在绿化方面，我们大面积种植草坪绿地，那时除了我们学校，乐陵市包括城区的中小学，没有一处学校的校园内有草坪绿地，而我们学校成为乐陵市第一处也是当时唯一有大面积草坪绿地的校园。

一个偶然的机会，我听说一个搞土建工程的小包工头家里存有做假山用的石料，那是他准备给自己的庭院做假山用的，后来听说家庭庭院不适合做假山，所以石料就一直搁在家里。听到这个消息，我非常高兴，因为在校园里做一个假山，一直以来是我的一个梦想。于是，通过和人家再三谈判，我们以包工包料5000元的价格，在我们中心小学校园里做起了一个假山，这座假山又成为乐陵市的第一和唯一，至今仍然是第一和唯一。

我经常想，如果校园里有一座能够体现我们的育人目标和教育理念的雕塑，那会给我们的美丽校园增添无限的神韵。那时，搞校园雕塑的人还很少。有一次我的一位同学找到我，说他正在搞校园雕塑，想送我一座，让我给他做个宣传，我喜出望外，简直想什么来什么。于是，一座一男一女两个胸前飘扬着红领巾手里抱着书本英姿飒爽昂首挺胸的儿童雕塑，屹立在了我们中心小学校园的正中间——致远园内，这座雕塑又成为乐陵市的第一和多年的唯一。

·（二）中心小学校园文化——"三园一片天"

校园文化体现了办学者的教育理念和学校的育人目标，是为孩子的成长和学校的发展服务的。校园文化是学校的育人手段和方式之一，也是美化校园的方式之一，但绝不仅仅是为了好看。所以，校园文化应该是教育者精心设计而成，应该体现教育者的智慧，不应该出自广告设计者的头脑。我们的校园文化都是我和老师们精心设计的。以教育均衡化以前我们中心小学的校园文化为例讲一下我们的校园文化。中心小学校园文化简单总结为五个字——"三园一片天"：致远园、舒心园、德园和历史的天空。

致远园位于学校的正中央。致远园北面中间是旗台，鲜艳的五星红旗迎风飘扬，旗台东西两边分别种着一课高大的青桐，像两名英武的战士护卫着国旗；南面中间正对旗台是一座白色雕塑——一个男孩、一个女孩两个戴着红领巾的少先队员怀抱书籍昂首挺胸直视远方，他们的眼神坚定，充满对未来的美好憧憬；园内东西两面分别竖着四块精美的不锈钢文化牌，每块牌子上都有一句中英文对照的名人格言，格言的内容和主题是告诉老师和孩子们如何做人做事和学习。整个园子以草坪为底色，草坪上点缀着各类绿化灌木和花草。园子四周种着枝繁叶茂的白蜡树。园内笔直的红砖小路四通八达，通向四周的主路。走入致远园，漫步在园中小径，沉浸在自然之美与浓厚的文化气息交融的环境中，给人一种修身养性、宁静致远之感，这就是致远园的来历。

书馨园位于致远园北部的东侧。书馨园的墙上挂着图文并茂的古代名人刻苦读书的故事，它们分别是囊萤映雪、悬梁刺股、凿壁偷光、画荻教子、程门立雪、张曜拜妻。园内摆放着四个石桌、十六个石凳和四个石头连椅，树形高大枝叶浓密的白蜡树形成一条绿色长廊，罩在书馨园上空。上课之余，孩子们或怀着崇敬的心情欣赏墙上名人的读书故事，或坐在石凳上手捧心爱的书籍入神地阅读。走入书馨园，丝丝缕缕的书香之气萦绕胸前，温馨的读书环境和古人刻苦读书的精神使孩子们读书进步的信心和决心倍增。

走入德园，使人心生敬畏，扪心自问。德园位于南北两排功能用房之间，西面是校园的院墙，这是一个三面封闭的空间。中间是一座优雅漂亮的假山，假山周围长满青青翠竹，假山东面竖着漂亮的德园园牌。三面墙上悬挂着十五块精美而庄重的文化牌，它们是中国古代对做人做事的三个层次十五个方面即"五常""五美""五品"的准则要求和内涵解读。

"五常"是指做人的五个基本标准——仁、义、礼、智、信；"五美"是指做人应该具有的五种美德——温、良、恭、俭、让；"五品"是指做人应该具有的五种品行——忠、孝、廉、耻、勇。古人对做人的道德标准和要求有些内容虽然具有封建主义思想，但是，大部分还是具有积极向上的思想和意义的。现代社会需要我们对古人的道德标准进行局部重新解读的基础上继承和发扬，这既是时代发展的需要，也是对中华优秀传统文化的传承。为了让这些中华传统美德深入师生的内心，实现教育的立德树人总目标，我们把"五常""五美""五品"做成我们的校本课程，进行了校园文化课程化改革，实现了传统文化、校园文化和校本德育课程三者之间的有机融合。德园，也成了我们进行德育教育的基地。

步入"历史的星空"，使人仿佛穿越时空，回到遥远的过去，与秦皇汉武煮酒，同李白杜甫当歌。我们的"历史的星空"分四个板块——一代天骄、文人墨客、名著流芳、科技发明。让我们的孩子在小学阶段就了解中国古代历史的大体脉络及主要人物和对世界文明的重大贡献，对中华文明有一个比较清晰的认知，增强民族自豪感和自信心。"历史的星空"与书馨园左右相对，遥相呼应。

第三章
让学校成为孩子健康成长的乐园

"让学校成为孩子健康成长的乐园。"这是我坚守的核心教育理念，也是我的教育理想。理念不能光在心里想，更不能只写在墙上，重要的是要采取措施付诸行动。在进行课堂教学改革和课程改革之前，我们通过以下工作来突出和落实我们这一理念。

一、课前一支歌

"学校应该成为孩子健康成长的乐园。"这个乐园里如果没有孩子们快乐的歌声，是难以称其为乐园的。因此，我们把每天必唱的课前一支歌作为常规来抓。具体要求是，每天上午、下午上课前各班都要最少唱一支歌曲，以振奋精神，让学生以饱满昂扬的精神状态投入学习；同时，给学校营造出一种欢乐的氛围。课前一支歌，至今我们已经坚持了15年。

二、校园广场舞

近些年，社会上忽然兴起广场舞，看到这种情景，我忽然眼前一亮——我们为什么不把大家都喜欢跳的广场舞请进我们的校园呢？于是乎，经过研究和论证，我们把广场舞请进了我们学校，每天上午大课间都要做的几十年不变的广播体操改成了校园广场舞。学生们都喜欢跳舞，同样是锻炼身体，我们为什么不能把课间操改成广场舞呢？因此，我们就选择既能锻炼身体又能愉悦身心的校园广场舞来代替了只能锻炼身体的广播体操。当鬼步舞兴起时，我们又迅速把鬼步舞请进校园。校园鬼步舞、校园恰恰舞成为我们大课间的特色健身运动。

为了激发各学校师生跳校园广场舞的积极性，我们每学期都要举行校园广场舞大赛。校园广场舞作为我们的体育课必修项目，既要每节体育课必须学习和训练，也是体育学科必考项目。

三、开展社团活动

（一）每生两社团

多年来我们一直坚持开展社团活动。每个老师根据自己的特长必须开设两个社团，每个孩子根据自己的兴趣都必须自选参加两个社团，一个是体育社团、一个是智力社团。体育社团每周一、三、五活动，智力社团每周二、四活动。我们各学校每年度都开设20多个社团，其中体育社团有篮球、乒乓球、羽毛球、足球、跳绳、踢毽子、呼啦圈、舞蹈、短跑等，智力社团有声乐、手工制作、书法、绘画、葫芦丝、二胡、扬琴、电子琴、话剧、诗歌朗诵等。为了把乐器社团搞起来，我们先后聘请我在乐陵师范读书时的音乐老师何荣成老师和城区的音乐辅导机构华音琴行的专业老师每周来校辅导，先后辅导了两年，培养出一批在音乐方面有天赋的学生和教师。社团活动时间就是每天的课外活动，我们的课外活动时间是整整40分钟一节课，这节课前后都有10分钟休息时间，保证有40分钟完整的活动时间。

1.意义

（1）要求孩子参加体育社团的目的就是引导孩子一辈子至少有一项体育爱好，保证孩子一辈子都有健康的身体；要求孩子参加智力社团的目的是为了开发孩子的潜能，让每个孩子都能发现自己的优点和长处，培养他们的自信心，从而为孩子的成长甚至终身发展奠定基础。

（2）要求每个学生都参加两个社团活动，也是为了调节孩子的精神与心情，让孩子更加喜欢学校，把"让学校成为孩子健康成长的乐园"的理念落到实处。这也是我们打造快乐校园，让孩子健康快乐成长的策略之一。

（3）发掘和培养老师们的特长，使教师全面发展。我们要求每个老师都要带两个社团,一个体育社团,一个智力社团。

每位老师都要充分挖掘自己的特长,特长不足甚至没有特长的老师积极主动向其他老师学习,使老师们通过带社团在课堂教学之余也有自己的兴趣爱好,提升了自己的综合素养和人生品位。

2.措施

为了督促师生把这项工作做好,我们在经常性地对老师进行思想引导的同时,每学期还对所有社团进行考核,考核成绩计入学生的学期学业成绩和教师的工作业绩考核成绩。

四、"四球"比赛

学区每学期都要进行师生的男子和女子篮球、足球、乒乓球和羽毛球四项比赛。这些比赛与体育社团活动中的四个项目和体育课上的相关课程相得益彰,互相促进,且有着相同的目标。

在2015年的乐陵市第一届小学生足球赛中,我们学区的尤苏小学男子足球队战胜包括多支市直小学足球队在内的所有参赛队,夺得冠军,并代表乐陵市参加当年的德州市小学生足球比赛,取得第三名的优异成绩。一所不足300名学生的偏远农村小学的足球队,能代表一个县市参加大市的比赛,并取得如此成绩,不能不说是创造了一个奇迹。同时,也有力地证明了我们扎实推行素质教育的决心和毅力。

五、每天锻炼一小时

保证孩子有一个健康的身体也是实施素质教育的重要表现。为此,我们保证学生每天都要有一小时锻炼时间。每天上午有30分钟大课间,孩子们要跳将近20分钟校园广场舞。周一、三、五每天下午有40分钟体育社团活动。周二、四体育社团不活动时,这两天各班都有一节体育课。这样,我们的孩子每天都有不少于一小时体育锻炼时间。

六、星级少年评选

(一)做法

我们每学期进行一次星级少年评选。星级少年共有五个星级:学习之星——本学期学习成绩位居全班前三分之一的孩子；道德之星——全班同学公认的道德素质好的孩子，必须有具体的事例来证明，人数不限；劳动之星——无论在家里还是学校里都热爱劳动，有具体表现或者事例证明，人数不限；文艺之星——在艺术方面有自己擅长的一项，要同学们公认或者自己当场表演让同学们评判，人数不限；体育之星——最少有一项自己擅长的体育项目，大家公认或者能展示给同学们，人数不限。

星级少年评选的程序是，孩子们先自己提出申请，写明申请几星，理由是什么。再由本班星级少年评审委员会评议，应该授予几星。

（二）意义

星级少年评选可以使我们比较全面地评价一个孩子，不单纯从学习成绩来评价，学习成绩再好，只能得到一颗学习之星。这种做法也能让孩子客观全面地认识和评价自己。

我们的评选办法规定，每个孩子最少要有一颗星，以此来激发孩子的自信心，从而调动起他积极上进的决心和信心。我们的想法是，再差的孩子也有优点，任何人身上都有长处和优点，作为老师要善于发现和挖掘每个孩子身上的闪光点。

七、规范升旗仪式

升旗仪式是学校每周一和重大活动时必须进行的一项规定动作，是一项重要的常规性德育活动，教育意义非同寻常。它不但是激发孩子爱国情怀，对学生进行爱国教育的最好时机，而且也是学校进行其他一些教育活动的大好契机。

为了充分发挥和挖掘升旗仪式的育人功能，我们进一步规范了升旗仪式的程序，提升了升旗仪式的档次，把升旗仪式做得更加庄重，仪式感更强，教育意义更加显著。

（一）打造仪仗队

升旗仪式的庄重感和仪式感，和仪仗队有直接关系。有一支英姿飒爽的仪仗队，会给升旗仪式锦上添花，使升旗仪式成为一道靓丽的风景。我们模仿天安门国旗班的建制和装备，在本学区中学和各小学分别组织了一支小仪仗队，从而使我们的升旗仪式成为我们学区一个耀眼的亮点。

1. 精选队员

仪仗队员的外形很重要。我们从身高、体重、五官、发型、整体形象和气质等方面严格把关，各学校分别精挑细选出外形合适的12名学生，有的学校选的是男生，有的学校选的是女生，为整齐划一，仪仗队员最好统一性别。

2. 统一着装

我们按天安门国旗班的着装样式，给仪仗队员统一配备军装制服，前面三名队员分别着海陆空三军的蓝、绿、白三色军装，中间一名队员为旗手，两边队员分别是护旗手。

3. 规范行进乐曲

仪仗队踏着《歌唱祖国》的乐曲出旗行进，昂首挺胸，英姿飒爽。

4. 规范升旗程序

仪仗队执行升旗任务时，遵照天安门国旗班的升旗的基本程序进行，按出旗、护旗、升旗、带回四步顺序。出旗行进时，先起步，后正步，再起步。

5. 坚持日常训练

仪仗队成立后，对照天安门国旗班的升旗视频进行训练。第一个月每天课外活动集训，以后每周五课外活动训练一次，以准备下周一执行升旗任务。

（二）规范程序

通过深入研究和充分讨论，结合我们学校的实际，我们制定了每周一升旗仪式的基本程序：

1. 集合

各班学生在教室门前集合后，一边列队行进，一边齐诵诗词，到学校指定位置列队集合。

2. 呼号

各班都有自己的班级口号，一般都是四句简短的话，表明自己班的班级目标和奋斗决心。周一升旗仪式的第二项，就是班级呼号，即从一年级一班开始，各班逐一齐声呼出本班口号，表明本班的奋斗决心，提升全班同学气势。

3. 出旗

仪仗队在《歌唱祖国》的乐曲声中从指定位置出旗，完全仿照天安门国旗班出旗的过程，排着整齐的队形，先齐步，再正步，到旗台上两人护旗，一人准备升旗。

4. 升旗

国歌声中，仪仗队旗手熟练完成执旗、甩旗等规定动作后，匀速拉动绳索，国旗迎着初升的太阳缓缓升至杆顶。

5. 师生国旗下讲话

单周教师讲话，双周学生讲话。教师讲话是全校教师轮流，每人一周；学生讲话是各班轮流，每班选拔品学兼优的孩子讲话。不管教师还是学生的讲话都做到三点要求，一是时间都控制在一分钟以内；二是讲话内容符合自己的身份；三是讲话内容要有教育意义，要对师生有启迪作用，但是又不能空洞说教。

6. 表彰

大家都清楚升旗仪式意义之重大和形式之隆重，因此，在升旗仪式时进行表彰对师生更有激励作用。

（1）表彰上周课堂展示标兵

我们的课堂教学改革是学校的一项重大活动，为了彰显这项工作的重要性，我们在周一升旗仪式上隆重表彰各班上周的课堂展示标兵，主持人选读名单后，各班主任老师同时给本班标兵郑重授牌，亲手把课堂展示标兵胸牌给这些优秀的孩子们别在胸前。

（2）表彰上周先进班集体

班集体是学校基本的组成元素，班级管理是学校的一项非常重要的常规性工作，只有把各班级建设好了，学校管理才可能搞好。因此，每周一次根据班级一周日常工作考核进行的先进班集体评选，是我们学校班级管理的重要举措。每周一升旗仪式时，对上周先进班集体进行表彰，由校长亲自把先进班集体的锦旗授予获得这一荣誉的班主任。

7.校长讲话

最后校长简要总结上周工作，布置本周的重要工作。校长讲话一般也控制在一分钟左右。

8.解散

（1）仪仗队退场。

（2）各班一边诵读诗词，一边整队带回本班门前，班主任作一分钟以内的简短总结讲话后解散。

每周一的升旗仪式已经成为我们寨头堡学区常规工作中的特色之一，许多兄弟学校纷纷慕名来参观学习。它已成为展示我学区师生精神风貌和工作亮点的名片。

八、创造美丽的活动

引导孩子感受美和发现美，激发孩子创造美，把孩子培养成热爱美好事物的有生活品位的人，是素质教育的一项重要任务。我们结合学校和孩子的实际，因地制宜，组织多种让孩子感受、发现和创造美的活动。

每个春、夏、秋、冬，我们都组织学生走向大自然，感受大自然每个季节不同的美。春季的万物复苏，百花盛开；夏季的树木葱茏，生机盎然；秋季的天高气爽，树叶斑斓；冬季的皑皑白雪，天寒地冻。每个季节都让孩子们感受到大自然的美妙、神奇和生活的美好。

校园的春天摄影展和"秋之韵"叶子粘贴画比赛，分别是春季和秋季我们学校多年来写入校历的引导学生感受、发现和创造美的固定活动。

校园是孩子们长期学习和生活的地方，引导孩子把校园当作自己的美丽家园，发现自己校园里的美，在培养孩子美的素养的同时也使孩子热爱自己朝夕相处的校园，从而热爱自己的学习生活。为此，我们在每个春季都开展校园的春天摄影展，在规定的一周内，允许孩子带相机或者手机进入校园，来拍摄自己发现的校园之美。然后每人精选三张最好的摄影作品交到班级评选小组，班级评选出来的优秀作品，展览在班级橱窗，作为班级文化的一部分。

学校再从各班选送的作品中精选一部分，在全校展览。班级和校级获奖作品都颁发获奖证书。

每年深秋树叶泛黄时，我们就要求孩子们利用周末时间，走进大自然，一边欣赏秋天的美景，一边采集五彩斑斓的树叶，回家做成各种各样的粘贴画，然后用手机拍下来，送到班级和学校参展。我们把班级和校级的优秀作品分别做成展板，成为班级文化和校园文化的一部分。

孩子们对这些活动非常喜欢，参加踊跃，热情高涨。这些活动，丰富了班级和校园文化，陶冶了孩子们的情操，是很好的美育方式，也可以说是很好的校本美育课程。

九、校园文化建设比赛

为了促进各学校把常规性工作做好，把素质教育落到实处，我们每学期期中考试以后都由学区组织进行一次各中小学参加的校园文化建设比赛。比赛项目通常为课前一支歌、升旗仪式、校园广场舞、校园广播、班级和校园文化、校园环境卫生等。

校园文化建设比赛，是我们学区每学期一次的大型活动，是对各学校常规工作的检阅和有力督促，也是考核各学校学校管理的一个重要指标，同时，这项活动也成为我们学区的一项特色工作。每次比赛，都有一些兄弟学区的中小学前来观摩学习。

第四章

农村小学的标杆

多年来，名列前茅的教学成绩，规范而有特色的学校常规管理，扎实推进而卓有成效的素质教育，使我们寨头堡小学成为乐陵市农村小学的标杆。2011年教育局党委把我们寨头堡小学确定为乐陵市农村小学教育干部培训基地，从全市农村小学选派多名教育干部，包括校长和乡镇教研室主任，分批次来我们学校跟岗学习一个月。

这是教育局党委对我们寨头堡小学教育工作的充分肯定和最大褒奖，同时，也是对我和我的校长和老师们的最大鼓励，给我们带来更大的工作动力，使我们对自己的工作更加充满自信，使我们以后的工作更如离弦之箭，拼尽全力，奋勇向前！

第三部分

寻找应试教育与素质教育的有机契合点
——一条农村学校的教育改革之路

● 第一章 ●

课堂教学改革

——"问题引领，四步自学"学习模式

　　学校的中心工作是教学，教学的主阵地是课堂，无论是应试教育还是素质教育，课堂都应该是主战场，所以，我们的教育改革也应该以课堂教学改革为主导，从课堂教学改革做起。可以说，没有课堂教学改革的教育改革不是真正意义上的改革。就像练习书法一样，如果一个书法家不会写或者写不好楷书，那么行书和草书写得再好，他也不是真正意义上的书法家。因为楷书是书法的基础，基础都不牢固的书法家不是真正的书法家。这课堂教学改革就是楷书，其他的教育教学改革必须以其为基础，否则，那就不是真正意义上的教育改革或者说不是彻底的教育改革。那么，课堂教学应如何改革呢？

　　记得小学的时候学习数学，通常是老师才讲课本的第一章，我就已经把课本上第二章的习题做完了。为什么呢？因为我总是等不及老师讲课，自己看看课本上的例题和相关的讲解就可以轻松自如地做题了，基本没有什么障碍。到了初中，数理化大多数时候也是我自己自学课本，然后做题，自己看不明白的地方再去问一下老师或者同学。为什么呢？说实话，我觉得绝大部分老师的讲解还不如课本上说得明白，即使听了老师讲课，也还得自己再看课本才能明白。也就是，我觉得听老师讲课还不如自学来得快。我这样说不是否认老师的讲课能力，我觉得，这可能是因为自己脑子慢，不够聪明，跟不上老师的思路，自己慢慢看书效果更好吧。

当了校长以后，经常去听老师们的课，发现了两个问题：一个问题是有一部分老师讲课还真的不如课本上讲得清楚，也就是还不如让学生自学课本效率高；另一个问题是有些学生习惯于老师讲解，本来自己看看课本能明白的知识也不自学，非要等着老师上课讲，自学能力非常差。当然，我觉得，第二个问题是老师习惯于自己讲解，不习惯让孩子们自学造成的。因此，我常常想，在课堂上，我们是否可以以学生自学为主，教师点拨为辅呢？对于大部分学生来说，这种方法是否可行？在我经常思考这个问题的时候，全国各地的课堂教学改革如雨后春笋般冒了出来。最早的是邱学华的尝试教学法，后来的有洋思中学的"先学后教，当堂达标"，东庐中学的学案导学，杜郎口中学的"三三六"教学模式，青岛二十八中学的"和谐互助"课堂教学模式等等，基本都是以学生自学为主。这更激发了我进行课堂教学改革的信心和热情。通过到全国各地参观学习和深入研究各地的课堂教学改革，一种体现了我的教育理念的集大成且有我们自己特点的课堂教学模式在我心里酝酿着，打造这种模式的初衷就是寻求应试教育和素质教育之间的有机契合点。我想通过这种模式实现自己推行素质教育的理想，同时能够应对当前必须面对的应试教育需求。这就是后来通过反复研究和实践逐渐成形的"问题引领，四步自学"课堂学习模式。

一、课改目标

打造常态高效课堂，实现学生的三个提高：提高学习兴趣，提高学习成绩，提高综合素质。以此寻求应试教育和素质教育的有机契合点。以课改为突破口，打造农村教育优质名校。

二、内涵解读

"问题引领，四步自学"学习模式，实际上，从学生的角度来说，它是一种课堂学习模式，而从教师的角度来说，它又是一种课堂教学模式。

（一）问题引领

所谓"问题引领"，就是把围绕一节课的总目标而设定的若干小的学习任务和目标都转化为一系列问题，课堂上学生在这些问题的引领下，经过"自学——合作——展示——质疑"四步来自主学习。问题解决了，学习目标也就达成了。有的学习任务不能转化成问题，那就用目标来引领，问题引领就变成了目标引领。一节课设定的所有问题都解决了，这节课的总的学习目标就达成了。

设计问题时要注意，问题要设计在学生的最近发展区，即问题不能太简单。简单了，不能引领学生进行深入的探究和思考；也不能太难，太难了学生解决不了，会丧失信心，同时也不能达成学习目标。在问题引领下的学习与单向接受知识的学习有着本质的区别，前者学习者是主动的，有挑战性的，而且思维异常活跃。在解决问题的过程中，往往有不同的路径，也会有不尽相同的答案。而后者的学习是被动的，思维是沉寂的。在获取知识的过程中，路径单一，答案也多是固定的。

（二）四步自学

所谓"四步自学"，是相对于教师的讲授来说的，即学生在没有教师讲授的前提下，通过"个人独立自学、小队合作自学、全班同学展示和质疑的共同自学"这四种不同的学习方式，自己完成所有学习任务。于是，课堂上就由学习观的转变，促发了师生关系的重建，并展开课堂教学结构的重组。更重要的是，在这个过程中，学生的生命感、价值感被诱发出来，从而点亮、唤醒了他们心中的求知与探求的渴望和潜能。

（三）学习模式

所谓"学习模式"的说法是相对于传统意义上教师的教学来说的，这种模式强调学生如何学习知识，不是教师如何教授知识，因此叫"学习模式"，不称其为"教学模式"。实际上，如果从教师的教学角度来说，它也是一种教学模式。

（四）教师的作用

在该模式中，教师的作用是，备课时把学习任务和目标转化成一系列问题，课堂上用这些问题引领学生通过四种自学方式顺利自学完成学习任务，老师在课堂上成了旁观者。如果学生在课堂上遇到难题，教师要随机生成问题引领学生自学，而不是给学生讲解。

（五）具体学科中的运用

根据学科性质和特点，在"问题引领、四步自学"学习模式的大框架下，不同学科有不同的环节和要求。比如，数学新学课有九大环节；语文讲读课文新学课有六大环节。

该学习模式既能提高孩子的综合素质，又能大幅度提高孩子的学习成绩。在很大程度上解决了应试教育与素质教育之间的矛盾，在应试教育和素质教育之间找到了一个恰当的契合点。

三、分组原则

四步自学中，小队两人是否能够高效合作是四步自学能否高效的重要条件。那么，小队两人如何才能高效合作呢？答案是小队两人在本班应该是最佳搭档，即合理分组是四步自学能够高效的重要前提。我们通常本着两个基本原则来组合两人小队，即成绩互补（成绩一好一差）和性格相投（两人能够合得来）。

首先，根据学习成绩把全班学生分成两部分。一个成绩较好的帮助一个成绩较差的是两人小队组合的基本原则之一。把全班同学根据学习成绩分成两部分，即成绩好的二分之一和成绩较差的二分之一，这是分组的第一步。当然，一般情况下是根据各主要学科的总成绩来分。

其次，教师做主搭配。教师根据平时了解的情况，本着成绩互补和性格相投的原则，把两部分同学搭配成若干两人小队。

再次，双向选择。老师把两人小队搭配完了以后，再给同学们自由搭配的机会。如果学生觉得老师搭配得不错，比较合心意，或者有的同学觉得和谁搭配无所谓，那就服从老师的搭配。如果有的同学觉得老师的搭配非常不适合自己，两人根本不能合作，那么允许学生在双向选择的基础上申请调整合作对象，或者在合作过程中如果小队两人感觉不合适，也可以申请调整。

四、课堂操作

第一步——自学

所谓自学，就是让学生个体在老师出示的问题引领下独立完成学习任务。任何问题都首先放手让学生个体自学解决，学生能独立自学完成的任务必须独立完成，充分自学是合作的基础，也只有这样才能培养孩子的自学习惯和能力。

该环节应注意的问题：一是给学生的自学时间要充分，充分到绝大多数学生所有能自学完成的问题都已完成为止；二是要保证学生自学时全身心投入，不允许随便交流（特殊情况除外）；三是教师要不断巡视全班，了解学生自学是否有困难，掌握学生的学习进度，在有必要的情况下临时出示引领性问题，引领学生自学；四是要求学生完成了自学（完成自学能学会的知识，只剩下独立自学不能完成的）要举手示意，以便老师据此决定是否进入合作环节。

意义：培养学生独立学习的习惯，从而培养学生独立思考、自主解决问题的能力，最终培养孩子的创新意识和创新能力。

第二步——合作

在学习中由两人或者四人团队共同完成学习任务。我们的合作学习方式是两人合作为主，四人合作为辅。两人小队合作的形式有三种：互查，指导，探讨。互查就是小队两人相互检查任务的完成情况；指导就是会的指导不会的；探讨就是小队两人对某一问题意见不统一时进行的辩论和探究。采用哪种合作方式要看具体情况而定，一般是先互查，然后决定接下来是否需要指导和探讨。合作学习不但促进了学习者个体已有知识图式的交流与同构，而且拓展了个体学习思维的域限与学习方式的多元。

前面所谈"互查"与"探讨"就是作为小组学习共同体中的思维与方法的体现。当代心理学的最新理论成果"拓展学习理论"对于小组合作学习的价值就非常注重，其关注的不单是知识的传递，更关注学习的过程；关注的不仅是学习者个体的学习能力，更关注学习者逐步走向群体和建立学习网络的过程。

小队合作，首先要让队长懂得合作的意义，队长一般是学习成绩好的学生。一开始队长甚至队长的家长怕因为帮助别人影响了自己的学习，其实不然。队长帮助队员的意义甚大，一是被选为队长，说明你有能力，这是对你个人价值的肯定，也会赢得同学们的尊重；二是队长在给队员指导讲解的过程中，相当于自己又复习了一遍知识，有助于自己牢固掌握知识；三是给队员讲解会促使自己更深层次地理解知识，假如自己都理解得不透彻，就无法让队员弄懂和理解；第四，培养了口头表达能力。思路清晰的讲解是一种重要的沟通能力，这种能力对学生将来走上社会也是非常有用的。当然，一开始队长如何指导队员，还需要老师的帮助甚至培训。这种能力也需要慢慢培养。

一些复杂的或者难度较大的问题，有时两人小队合作难以解决，这时就需要四人小队合作。四人合作通常采用前后位四名同学合作的形式。四人合作时，通常是队长两人交流探讨，队员两人认真倾听，当然，队员在倾听的过程中也可以发表自己的意见和见解。当两名队长讨论出一致的成熟结果，队员两人基本也听明白了，这时再由两名队员分别把问题的解决方案或者过程讲给自己的队长听，如果队员还没有弄明白，或者在讲解过程中出现偏差，再由队长指导自己的队员。

合作意识、习惯及能力培养的意义重大，不但对学生的学习有非常重要的意义，而且，对孩子走上社会以后有重大意义。一个不善于合作的人，将来走上社会也是难成大事的。为了促进学生的有效合作，在评价上，我们把传统对学生的"单一评价"改为对两人小队实行捆绑式评价，并把课堂表现积分计入学生期末学业成绩，且占较大比重（30%），促使学习小队内部合作学习的有效性大大提高，促使学生关注学习过程，增强平时学习的自觉性、自律性、积极性、合作意识，也使最终的学习成果更加丰硕。

合作还要注意两点，一是时间要充分，即必须保证学生把要合作的任务完成。二是在应用指导的合作方式时，指导者必须使被指导者明了问题的事理，不能死记答案。同样在应用探讨的合作方式时，合作双方也都必须要弄明白道理，不能死记对方的观点。

第三步——展示

展示，就是两人小队向全班同学汇报自己的学习成果。展示的目的有二：

一是检验学生自学与合作的成果，即看看学生通过自学和合作完成学习任务的效果；二是通过展示讲解，帮助那些仍然存在疑难问题的学生解难释疑。通过自学，一般情况下相当一部分同学都能够完成学习任务。个别没有完成的，通过合作（两人完不成的任务再经过四人小队合作）环节绝大部分同学也能够完成自学任务。

展示环节需注意三个问题：一是一般情况下队员先展示，队长评价补充，然后要提请全班同学对自己小队的展示进行质疑。二是小队展示完，老师要即时赋分。展示一个问题得分一次，能够使学生重视每一次展示机会，使学生在课堂上一直处于精力高度集中的状态。三是两人小队展示时，以队员展示为主，队长只能补充和修正队员的展示，为第二展示者，只有在队员无能为力时，才能完全由队长展示。队员展示正确时该小队得3分；队员展示不完整队长补充完整时该小队得2分；队员不能展示，完全由队长正确展示时只得1分。这样做的目的是充分调动队长帮助队员的积极性和队员独立或者在队长帮助下解决问题的决心，从而使小队合作的效果最大化。四是教师要"坐享其成"，"坐山观虎斗"，像节目主持人一样只管报幕，然后高兴地"看节目"，不能参与节目的演出。即不可越俎代庖，代替学生回答问题。夸美纽斯倡言："求知与求学的欲望应该采用一切可能的方式去在孩子们身上激发起来。"作为教育者，鼓励学生并给予其展示的舞台，是儿童教育的基本要义。当学生的展示受阻，也就是解决问题的过程中出现困难时，教师随机出示引领性问题，引导学生进一步自学、合作、展示，而不允许直接给学生讲解，也就是老师要把自己想给学生讲解的内容转化为问题，来引领学生进一步深入思考来自己解决问题。

长此以往，学生就会在高参与度和互动中发挥想象和自由表达，在体验和感悟中丰富经历和升华情感，从开始的不太敢发言，到后来发起言来争先恐后，从而锻炼出比较强的演讲能力和敏捷的思辨能力。

展示能力的培养是有深远意义的，恰当地展示自己，实则是一种非常好的推销自己的手段，走上社会以后，往往会给自己的成功增加筹码。

第四步——质疑

展示小队展示完毕，要主动提请其他小队评价和提问，然后给予答复，若自己不能答复则请求其他小队帮助，直至所有小队都没有疑问。所谓质疑，就是对展示者的展示结果提出疑问。问题的不断提出与解决，大大激发了学生自主探索问题的积极性，从而让学习变得既有效率更有效果。发现问题，在某些时候，比解决问题更重要。当所有学生都能积极主动提出高质量的问题时，才能形成一种质疑问难的"学习场"，更多的思维向度也才能被打开，从而呈现出"百花齐放""百家争鸣"的局面。这些，也是学生创新意识与探究精神萌发的表现。

五、考核评价

（一）小组捆绑评价

学生采取两人小队一对一合作学习的方式，并进行捆绑式评价。具体评价方式为：

1.评选课堂展示标兵

一周评选一次课堂展示标兵。根据学习小队在一周中课堂展示得分情况排名，分别从高分到低分确定所有小队中一半的小队为优秀小队，优秀小队中的队长和队员都被评为课堂展示标兵，周一升旗时校长宣读标兵名单，晨读时间班主任为他们颁发标兵胸牌。

2.评选学习突击队

每半学期一次按小队中队员和队长的共同进步情况确定在本班成绩排名评出学习突击队，并予以表彰奖励。

评选学习突击队时进步情况的操作方式为：（1）进步取正数，后退取负数，两生进步位次相加就是小队进步情况；（2）队长的进步情况核算方式：①基础位次十名以外的队长后退不超三个位次时进步情况计零，多于三个时按超出三个的位次计负数；②基础位次在前一至五和六至十这两个段的队长成绩后退，但仍保持在前一至五和六至十这两个段时，进步情况按全班队长平均进步位次计，成绩没有变化或者进步时进步情况按全班队长进步平均位次加实际进步位次计。

3.评选优胜学习小队

根据小队两人总成绩在全班小队排名情况评出三分之一的小队为优胜学习小队。

评选学习突击队和优胜学习小队的目的就是激发与增强小队二人合作学习共同进步的意识与能力。

4.学习成绩总分优秀奖励

单人学习成绩实际优秀者只公布名单予以表彰，但是不奖励，从另一个侧面激发学生合作学习的积极性。

（二）课堂表现积分计入学科成绩

课堂展示时根据小队表现所赋的分数，既是每周评选课堂展示标兵的依据，还要计入小队两人的期中和期末总成绩。期中和期末成绩计算采取课堂表现满分30分加上试卷满分70分的计算方式。课堂展示累计得分最多的小队两人在考试成绩中加30分，其他队员根据此比例算出得分。试卷分数也是按类似比例得出。

六、理论基础

任何新知识都是在旧知识的基础上产生的。或者说，新知识是利用旧知识解决新问题时产生的新方法。建构主义学习观中有一个主张，即知识就是求知，是一个探索的过程。从这个意义上来理解，巩固已有经验，扩充知识视野，重组知识结构，重建知识学习过程必然具有其内在的发展关联。从这个意义上说，所有新知识都是可以通过对旧知识的复习和重新组合获得，这一过程完全可以通过学生自学完成。这是"问题引领，四步自学"这一学习模式产生的理论基础。

七、模式特点

"问题引领，四步自学"学习模式主要有以下几个方面的特点：

（一）完全杜绝教师的讲授

教师全程用问题引领学生通过四步自学解决所有问题，从而完成学习任务，达成学习目标。完全杜绝了教师的讲授，把课堂真正还给学生。

（二）最大限度地体现新课标提出的自主、合作、探究的要求

先说自主，所谓学生自主学习，是相对于教师的教学来说的。四步自学，完全脱离了教师的讲解，学习任务完全由学生个体或者集体自主完成。第一步，自学，是指学生个体独立自主完成学习任务；第二步，合作，是指两个学生或者四个也可以更多个学生在没有教师讲授的情况下合作自主完成学习任务；第三步展示和第四步质疑，是在没有教师讲授的情况下全班同学一起自主完成学习任务。

再看合作，四步自学，除第一步自学不存在合作外，其他三步——合作、展示和质疑，都是学生合作完成学习任务。

最后看探究，四步自学，每一步都是学生在问题引领下进行探究性学习。第一步自学，是学生个体独立探究；第二步合作，是两个或者多个学生合作探究；第三步展示和第四步质疑，是全班学生共同探究。

（三）以"知识内容"为学习单元，代替传统的以课时为教学单元

传统的课堂教学，通常是以课时为单位来设计教学内容，但是，一节课的容量很小，往往很难学完一节完整的知识，如此，只能人为地把一节完整的知识割裂开来。这样就破坏了知识的完整性，更重要的是打破了学生思维的连贯性，不利于学生思维能力的培养。我们的学习模式，以知识内容为学习单元取代了以课时为教学单元，通常是两节课连上，保证了学生学习知识时思维的连贯性和知识的完整性。这样有力地保证了学生思维能力的培养。当然，两节课连上，是指用两节课时间去完成同一节知识的学习，不是说中间不下课。

（四）新学课（即传统意义上的新授课）不允许学生提前预习，从而使学生经历知识的生成过程

课前预习，可以说是一种被大家普遍认可的各学科教学的通常做法。但是，我们这种学习模式的新学课（即新授课）不允许学生提前预习新课内容。原因是，我们要让学生在课堂学习时经历探究新知的过程，培养学生的探究意识和能力。尤其是数学学科，让学生在课堂上亲历数学建模的过程，从而培

养学生提出问题、分析问题、解决问题的能力和建模思想，提高学生的综合素质。如果学生提前预习了新课内容，看到了课本对知识生成过程的描述，那么，在课堂学习中，他怎么可能再去探究知识的生成过程呢？这一做法，也充分体现了我们这一学习模式不但要分数，更要要素质的特点。

（五）课堂表现积分计入学业成绩，改变传统的学业评价方式

小队两人的课堂表现积分，按30%的比例计入学生学业成绩，改变了对学生学业成绩仅仅以考试成绩定论的评价方式。这样，使师生都关注学习过程，而不仅仅是结果。让师生尤其是学生充分认识课堂上获取知识的过程也是能力提升的过程，其意义重大，是考试成绩不能代替的。

（六）在应试教育与素质教育之间找到了恰当的契合点

从以上五个方面的特点可以看出，"问题引领，四步自学"学习模式，使学生在问题引领下通过充分的自学、合作和探究来获取知识，每节课都在培养学生提出问题、发现问题和解决问题的能力，实现了提高学生综合素质的目标。可以说，该模式是一种素质教育的课堂学习或者教学模式。同时，由于该模式充分调动起学生学习的积极性和主动性，使学生在学习过程中一直处于兴奋状态，始终充满激情，因此，学生的学习成绩获得大幅度提高。所以说，这种学习模式实现了应试教育与素质教育的有机结合，在二者之间找到了一个恰当的契合点。

八、课型模板

语文讲读课文新学课模板
（2课时）

一、导入新课

若写作背景（和作者情况）对文本的理解有较大影响，可先出示写作背景（和作者情况），并用简短导语导入；若无太大影响，可不出示，直接入题。

二、初读课文

1.初读课文

学生结合课下注释和课文注音全神贯注读课文两遍（较难懂的文本可读三遍，或者更多，比如难懂的诗词等）。第一遍：轻声读，争取读准字音，读不准的字音向同桌或者周边同学寻求帮助；第二遍，诗词、古文、散文等需要有感情朗读的文本轻声读，争取较有感情地朗读；记叙文、说明文、议论文、小说等没必要有感情朗读的文本就迅速默读。

2.谈体会

学生读完课文后说一说最深的体会。提示：教师可从以下某一方面或者几方面提示学生回答：①对文章表达的思想感情的感受；②对人物特色的感受；③对文章语言特色的感受：朴实，华丽，简洁，文雅等；④对文章结构特点感受。注意，对文章的体会和文章所表达的思想感情是两回事。此环节不要求合作，教师直接点名学生展示并根据学生回答的情况当堂赋分。

三、词语学习

1.词义推敲

教师出示本文最典型的一个或者两个词语或者成语并说明出自课文哪句话，让学生自己根据上下文推测词义并造新句子，不允许查词典；或者出示文中一句或者几句话让学生转换成词语或者成语。设计这一环节的目的是培养学生联系上下文分析、总结问题的能力，而不在于会解释一两个词语。

自学：学生自己独立推敲词语；

合作：小队两人交流推测和造句情况；

展示：教师引导小队展示成果（推测词义与造句）；

质疑：其他同学对展示者的回答提出质疑和补充。教师要对学生的正确答案给予肯定，所有学生都没有正确答案时教师要给出准确解释（或者让学生自己当堂查词典得出正确解释）。教师根据学生的回答情况当堂赋分。

2.词语朗读

教师分别出示本课学生应掌握字或者词语（小学一般出自本单元《词语

盘点》中本课"读读写写"和"读读记记"中的词语）让学生自己朗读。

自学：学生独立朗读，读不准的向同桌或者周围的同学寻求帮助。

合作：小队两人相互检查读的情况；

展示：教师点名朗读；

质疑：展示者读得不准的字词一定让其他学生质疑并给予纠正，然后赋分。普遍易读错的让学生一起多读一遍，最后让学生齐读一遍。

3.词语书写（若时间紧迫，可以布置为课下作业）：

教师出示本课"读读写写"中的词语，让学生根据写字本上的书写顺序正确书写。

自学：让学生自己写认为较难写的词语；

合作：小组两人相互听写几个词语并为对方批阅，然后自己纠正写错的字；

展示：教师给学生听写几个词语和字（不是全部字词，大约三分之一即可）。老师用高拍仪展示几个典型的例子，队长上台批阅自己学生写的情况并纠正错误。老师为展示的学生赋分，下面学生前后位互查并赋分。

四、赏析感悟

出示文本解读的问题：教师出示本文在文本解读时需要解决的所有问题，学生带着这些问题迅速默读课文。这些问题可以逐一通过自学、合作、展示、质疑四环节解决，也可以分成几类或者全部问题一起通过这四个环节解决。但是文本解读要抓重点，没必要面面俱到过于琐碎，要保证讲读课文两节课自读课文一节课完成课改要求的教学任务。

凡散文、诗歌等文体的文章要把有感情朗读放在教学的重要地位，并且让学生在读中进入文本思想感情的感悟与赏析。

自学：学生自己在认真阅读课文的基础上独立思考这个（些）问题，教师巡视了解学情并适当点拨指导；

合作：小组两人交流答案，队员把问题的答案说给队长听，队长补充；若两人有不同见解，则相互探讨，各自说出自己的理由，争取达成一致意见，探

讨后不能达成一致意见就保留各自意见,只要各自有理有据即可。教师巡视了解学情并适当点拨指导;

展示:教师引导,点名某些小队在全班展示自己的答案,有不同意见的小队补充回答。教师根据各小队的回答情况征求全班同学意见后当堂赋分。

质疑:对以上文本解读的问题和有关本文的其他方面问题有疑问的小队举手质疑,然后由其他小队解答。

五、随文练笔

根据本文的具体情况选择与本文相关的内容或者写作方法让学生当堂随文写片段。可以根据文本的具体情况从扩写、缩写、仿写(可全文可片段)、改写、续写、写读后感等形式中选择一种,让学生在规定时间内完成规定字数的随文写作(课改之初教师可引导学生从哪些角度思考,拓宽学生的思路和角度,时间长了就可以不再引导)。

1.说一说

让学生先思考根据要求想怎样写,写什么。

自学:自己独立思考;

合作:小队两人交流思路,给对方提出意见和建议;

展示:教师点名展示想法。

2.写一写

自学:自己独立写作;

合作:相互阅读检查对方作品,并相互听取对方的意见和建议,主要是队长给学生的建议并当堂修改。

展示:教师点名小队在班内展示并赋分。注意,一要引导学生对展示文做出评价,指出优点与不足;二要最少选择一篇较好的作品进行展示,供大家借鉴欣赏。

六、拓展阅读

教师提供一篇与本文类似的文章,限时让学生独立阅读并完成至少两个相关问题。

可供选择的问题：（1）谈谈阅读本文的体会（必选）；（2）根据上下文推敲一两个典型词义的含义，若难度不大可以要求造句；（3）说说本文所表达的思想感情或者主要内容；（4）其他有价值的问题。

自学：自己独立阅读并完成文后问题；

合作：小队两人交流问题答案；

展示：教师点名小队展示；

质疑：其他小队对展示者的展示提出疑问和意见。

课例（现代文 小学中、高年级）
《观潮》学案（四年级）

学习目标：

1.学习本课的生字、新词。正确读写：观潮、称为、盐官镇、笼罩、蒙蒙、薄雾、昂首东望、沸腾、横贯江面、依旧、恢复、屹立、人声鼎沸、山崩地裂、若隐若现、风平浪静、水天相接、齐头并进、漫天卷地等词语。

2.品读课文，感受钱塘江大潮的雄伟、壮观。

3.有感情地朗读课文，背诵第三、四自然段。

4.逐步培养自学、合作、展示和质疑的意识、习惯和能力。

学习过程：

第一课时

一、导入

同学们知道什么是潮吗？你在哪儿见过？

世界上涨潮的地方不计其数，然而我国钱塘江大潮却被称为"天下奇观"。今天大家一起来观赏这雄伟壮观、气势磅礴的钱塘江大潮吧！

二、初读课文谈感受

初读课文两遍（第一遍轻声读，读准字音，读不准的向周边同学寻求帮助；第二遍轻声读，争取较流畅、有感情地朗读），说说自己的感受。

（朗读姿势要求：双手拿书，身体坐正。）

三、学习字词

出示本课词语：观潮、称为、盐官镇、笼罩、蒙蒙、薄雾、昂首东望、沸腾、横贯江面、依旧、恢复、屹立、人声鼎沸、山崩地裂、若隐若现、风平浪静、水天相接、齐头并进、漫天卷地

1.读准字音　自学：自读词语2遍，读不准的向周围的同学请教；

　　　　　　　合作：小队内互读，并纠正读音；

　　　　　　　展示：小队展示读。

2.词语书写　自学：独立练写黑体字；

　　　　　　　合作：选取难写的的词语，小队内互相听写；

　　　　　　　展示：教师听写，赋分。

3.推敲词义　联系上下文理解词语。

人声鼎沸：人群的声音像水在锅里沸腾一样，形容人声喧闹。

山崩地裂：山倒塌地裂开。形容声音极大。

自学：联系上下文独立推敲思考，完成举手；

合作：小队内交流，完成举手；

展示：小队展示。

质疑：对词义的推敲还有不明白的小队举手质疑，其他小队回答

四、赏析感悟

先读问题，然后带着问题边默读边思考。

1.课文按照"潮来前""潮来时""潮头过后"的顺序记叙的，找出相应的段落。并从"听到""看到"两个方面分别复述"潮来前""潮来时""潮头过后"的景象，并说说感受。

2.课文运用了哪些修辞手法，找出相应的句子，说说对这些描写的体会。

自学：独立思考问题，完成举手，教师巡视适时指导点拨；

合作：小队内交流答案，完成举手，教师巡视适时指导点拨；

展示：小队展示，并赋分；

质疑：对本文的解读还有不明白的小队举手质疑，其他小队回答，老师据情况给回答的小队赋分。

第二课时

五、有感情朗读课文三、四自然段。

1.教师范读第三自然段，分配朗读任务。

自学：自己练读；

合作：同桌互读，提出朗读意见；

展示：小队展示朗读，并赋分。

2.背诵第三、四自然段。

自学：全体起立背诵，背过的坐下；

合作：同桌互相检查背诵；

展示：小组展示背诵，赋分。

午后_____，从远处传来_____，好像_____。顿时_____，有人告诉我们_____！我们_____，江面还是_____，看不出_____。过了一会，_____，只见_____，人群又_____。

那条白线_____，逐渐____，____，_____。再近些，只见_____，形成_____。浪潮_____，犹如_____，_____地飞奔而来；那声音_____，好像_____。

六、练笔

今年的观潮日又来了，古镇盐官迎来了前来观潮的各地朋友，如果你是一名中央电视台播音员，你怎样将眼前的景象介绍给观众朋友呢？

说：

自学：独立思考感悟和收获，组织语言；

合作：小队内交流，准备说话练习；

展示：指名口头表达。

写：

自学：独立完成练笔；

合作：小队内交换阅读，并提出修改意见；

展示：指名展示读自己的习作，并赋分。

七、拓展阅读

阅读《语文精品读本》第2页《天下奇观钱江潮》

默读短文并思考：

1.谈阅读后的感受。

2.从文中找出钱塘江大潮形成的原因。

自学：独立默读思考，完成举手；

合作：小队内交流答案，完成举手；

展示：小队展示，赋分；

质疑：对本文的解读还有不明白的小队举手质疑，其他小队回答。

课例
口语交际习作（四年级）

学习目标：

1.通过交流各自了解的自然奇观，增强学生的表达、倾听和与他人交往沟通等能力，使学生有意识地去发现、体验身边的自然美。

2.根据口语交际情况，写一处自然景观，写出自然景观的特点，按一定的顺序写。

3.逐步培养自学、合作、展示和质疑的意识、习惯和能力。

学习过程：

一、口语交际

1.导入

我们的祖国山清水秀，美丽的自然风光无处不在。皑皑的雪山、湛蓝的天空、雪白的羊群、碧绿无垠的草原令人神往；金色的沙滩、五彩的贝壳、无边的大海、灿烂的阳光也同样令人流连忘返……美就在我们身边，需要我们有一双善于观察、会寻找美的眼睛。这几天大家一直在搜寻美丽的自然景观，这节课就把你发现的和寻找到的美展示给大家。

2.明确要求

读课本第18页第一自然段，看看这段话提出了什么要求？你认为要介绍一处自然景观，还要注意什么？

自学：独立阅读思考；

合作：小队内交流；

展示：小队展示；

质疑：不同意见的同学举手质疑。

（出示要求：讲清楚奇特之处，说明是怎样形成的，边听边问，补充讨论……）

3.围绕话题，互动交流

选择自己要介绍的自然景观进行口语练习。

自学：独立思考整理思路；

合作：同桌互相交流，说自己的建议；

展示：小队展示表达，别人发言时，学会倾听，可以针对其发言提出自己的问题或建议，也可以补充。

二、习作

1.出示习作要求

读课本第18页第二段，提炼习作的要求是什么。

自学：独立阅读思考；

合作：小队内交流；

展示：小队展示，赋分；

质疑：对他人回答有不同意见的举手质疑。

（出示要求：可以写著名的旅游景点，也可以写身边的景物。突出奇特之处，按一定的顺序写，运用生动的语言，让读者能够想象出画面。）

　2.赏析范文

根据教师提供的范文，思考自己的写作思路。

自学：独立阅读范文，思考写作思路，列出提纲；

合作：小队交流自己的思路，并互相提出自己的意见和建议；

展示：点名说说自己的思路，其他同学可提出自己的建议。

3.完成习作

自学：学生在规定时间内当堂完成作文；

合作：小队内互批，并根据批语修改补充自己的作文；

展示：点名好中差三类学生展示自己的作文，其他同学给予评价，教师适当总结点评，赋分。

4.修改作文

学生根据展示范文的优缺点和老师及同学们的评价进一步修改自己的作文。

课例（现代文　低年级）
《秋天的图画》学案（二年级）

学习目标：

1.正确、流利、有感情地朗读及背诵课文；

2.正确认读课文所有单字；

3.正确书写"波、浪、灯、作、字、苹、丽、旁"八个字；

4.体会作者对秋天的景象和勤劳的人们的喜爱、赞美之情。愿意用自己喜欢的方式来表现秋天；

5.培养自学、合作、展示、质疑的意识、习惯和能力。

学习时数：1课时

学习过程：

一、看图说话

仔细观察课文下面的图画，用几句完整连贯的话描绘图中的景色。

自学：自己独立观察图画，并对自己说一说；

合作：小队两人相互说一说图上画了什么；

展示：老师点名小队展示并赋分；

质疑：对以上展示同学的表达给予评价。

二、认读带拼音生字

1.自读

自学：根据拼音自读生字3遍；

合作：小队两人相互检查朗读情况（读给对方听），指出对方朗读不正确的地方，完成举手；

展示：老师点名小队展示朗读情况并赋分；

质疑：对以上展示同学的朗读给予判断和评价。

老师或者优秀学生领读一遍生字，而后再让生自读、合作、展示、质疑。

2.出示PPT，进行去拼音认读生字。

自学：自读去掉拼音的生字3遍；

合作：相互指认单字给对方听并纠正错误；

展示：老师点名小队展示朗读情况并赋分；

质疑：对以上展示同学的朗读给予评价。

老师或者优秀学生领读一遍生字，而后再让生自读、合作、展示、质疑，最后齐读一遍。

三、学习课文

（一）诵读

1.初读课文

自学：学生自己正确、流利地朗读课文；

合作：小队两人相互读给对方听，指出对方不正确的地方再读一遍，完成举手；

展示：老师点名小队展示朗读情况并赋分；

质疑：对以上展示同学的朗读给予评价。

教师范读、领读各一遍。

2.复读课文

自学：复读课文一遍，做到正确、流利、有感情；

合作：两人相互检查朗读情况（读一遍给对方听），指出对方朗读不正确的地方再读一遍，完成举手；

展示：老师点名小队展示朗读情况并赋分；

质疑：全班同学对朗读情况给予评价，并提出建议。

3.背诵课文

自学：全体起立自己单独背诵，背过后坐下；

合作：小队两人相互检查背诵情况，完成举手；

展示：老师点名小队（两人都背诵）展示背诵情况并赋分；

质疑：全班同学对背诵情况给予评价，并提出建议。

最后齐背一遍。

四、能力训练

出示问题

自学：自己想一想，秋天到了，大自然还有哪些变化；

合作：同桌之间相互说一说自己知道的变化；

展示：点名让小队展示，并给予赋分；

质疑：其他小队进评价和补充。

五、书写生字

教学生在田字格中正确书写"我会写"中的字。教师板书逐字范写，学生书写模仿。

自学：学生独立在田字格本子上练习书写生字，每个字三遍，小队两人相互提醒写字姿势和坐姿，写完举手。老师不断巡视全班，观察学生的坐姿和书写姿势是否正确，并提醒纠正；

合作：小队两人相互检查写字的情况（本子上的字），指出对方写的不足之处，让其重写，完成后举手；

展示：教师点名小队上黑板展示写字的情况，下面同学观察；或者用高拍仪展示学生写的情况，引导学生给予评判，老师总结后赋分。

六、我会读

自学：自己读句子两遍；

合作：小队两人相互检查朗读句子情况，不会读的要在同伴帮助下正确朗读，完成举手；

展示：点名让小队展示，并给予赋分；

质疑：让学生点评朗读情况并赋分。

教师根据学生展示情况决定是否领读或者再次进行自学、合作、展示、质疑，以巩固和加强学生对句子的认读。

最后齐读一遍。

七、作业

1.正确、流利、有感情地背诵课文；

2.正确认读本课所有单字并书写课后我会写的字，每个字书写3遍；

3.画一画秋天；

4.捡几片落叶做书签。

课例（识字 低年级）

《识字一 》学案（二年级）

学习目标：

1.正确、流利、有感情地朗读课文；

2.正确认读课文所有单字；

3.正确书写"宜、实、色、华、谷、金、尽、层、丰、壮"十个字；

4.能通过抽象的文字了解秋天景色的特点，去感受秋天的美丽；

5.培养自学、合作、展示、质疑的意识、习惯和能力。

学习时数：1课时

学习过程：

一、看图说话

仔细观察课文下面的图画，用几句完整连贯的话描绘图中的景色。

自学：自己独立观察图画，并对自己说一说；

合作：小队两人相互说一说图上画了什么；

展示：老师点名小队展示并赋分；

质疑：对以上展示同学的表达给予评价。

二、认读带拼音生字

1.自读

自学：根据拼音自读生字3遍；

合作：小队两人相互检查朗读情况（读给对方听），指出对方朗读不正确的地方，完成举手；

展示：老师点名小队展示朗读情况并赋分；

质疑：对以上展示同学的朗读给予判断和评价。

老师或者优秀学生领读一遍生字，而后再让学生自读、合作、展示、质疑。

2.出示PPT，进行去拼音认读生字

自学：自读去掉拼音的生字3遍；

合作：相互指认单字给对方听并纠正错误；

展示：老师点名小队展示朗读情况并赋分；

质疑：对以上展示同学的朗读给予判断评价。

老师或者优秀学生领读一遍生字，而后再让学生自读、合作、展示、质疑。最后齐读一遍。

三、朗读课文

1.初读课文

自学：学生自己正确、流利地朗读课文；

合作：小队两人相互读给对方听，指出对方不正确的地方再读一遍，完成举手；

展示：老师点名小队展示朗读情况并赋分；

质疑：对以上展示同学的朗读给予评价；

教师进行范读、领读一遍。

2.复读课文

自学：复读课文一遍，做到正确、流利、有感情；

合作：两人相互检查朗读情况（读一遍给对方听），指出对方朗读不正确的地方再读一遍，完成举手；

展示：老师点名小队展示朗读情况并赋分；

质疑：全班同学对朗读情况给予评价，并提出建议。

四、能力训练

自学：自己想一想，还知道哪些关于秋天的词语；

合作：同桌之间相互说一说自己知道的词语；

展示：点名让小队展示，并给予赋分；

质疑：其他小队进评价和补充。

五、书写生字

教学生在田字格中正确书写"我会写"中的字。教师板书逐字范写，学生书写模仿。

自学：学生独立在田字格本子上练习书写生字，每个字三遍，小队两人相互提醒写字姿势和坐姿，写完举手。老师不断巡视全班，观察学生的坐姿和书写姿势是否正确，并提醒纠正。

合作：小队两人相互检查写字的情况（本子上的字），指出对方写的不足之处，让其重写，完成后举手。

展示：教师点名小队上多媒体展示写字的情况，下面同学观察；或者用高拍仪展示学生写的情况，引导学生给予评判，老师总结后赋分。

六、我会读

自学：自己读词语两遍；

合作：小队两人相互检查朗读词语情况，不会读的要在同伴帮助下正确朗读，完成举手；

展示：点名让小队展示，并给予赋分；

质疑：让学生点评朗读情况并赋分。

教师根据学生展示情况决定是否领读或者再次进行自学、合作、展示、质疑，以巩固和加强学生对词语的认读。

最后齐读一遍

七、作业

1.正确、流利、有感情地朗读；

2.正确认读本课所有单字并书写课后我会写的字，每个字书写3遍。

课例（小学古文）

《杨氏之子》教学设计

教学目标：

1.流利朗读课文并背诵，培养学生的语言素养；

2.体会杨氏之子的聪明之处及回答孔君平之妙;

3.限时扩写本文,培养学生的想象能力、逻辑思维能力及写作能力;

4.培养自学、合作、展示、质疑的意识、习惯和能力。

教学时数:2课时

教学过程:

第一课时

一、导入(1分钟)

"同学们,今天我们来学习一篇古文,这篇古文讲的是古代的一个很有意思的小故事",老师板书课题。

请大家用10秒钟时间迅速仔细阅读课文下注释(1),然后回答老师的问题:杨氏之子选自谁写的什么书,开始;请用5秒钟小组交流这个问题的答案,开始;点名学生回答该问题(10秒)。

二、初读课文(5分钟)

1.学生自读课文两遍,不认识的字向周边同学请教,读完举手,开始。

2.教师范读。读前向学生提出要求:(1)听清你不熟悉的字的读音;(2)注意体会老师的语气和如何处理句子中的停顿。

自学:学生根据教师的范读再自读课文两遍,要求:争取字音读正确,句子读流利。读完举手,开始。(注意:夫子家禽的读法。)

合作:小组内两人相互读给对方听,互相指出对方不足。

展示:点名两生读并点评赋分。

三、翻译原文(12分钟)

1.课下注释记忆(2分钟):

(1)自学:1分钟时间记忆课文下注释2—8,背过以后请举手;

(2)合作:用30秒时间相互检查记忆情况;

(3)展示:用30秒检查两个学生并赋分。

2.原文翻译(9分钟):

（1）自学：学生自己根据课下注释和多媒体（或者板书）出示的解释用3分钟时间翻译原文每句话，实在不会的跳过去一会儿小组交流时解决，完成后举手。

多媒体出示：子：儿女，孩子；儿：小孩儿，儿童；夫子：古代对有学问的人的尊称，本文指孔君平；禽：鸟兽的总称，特指鸟类。本文是第二种解释。

（2）合作：一句一句交流，学生先翻译，教师补充，再不懂的可以向周边同学请教（3分钟）。

（3）展示：学生翻译一大句并赋分，不完整时其他学生补充（3分钟）。教师对所有学生都不能理解的词做解释。

注意：学生合作时教师参与其中，及时引导与指导。

四、再读课文（6分钟）

自学：教师范读课文，要求学生仔细体会断句与语调。然后要求学生流利有感情地自读课文两遍；

合作：小组两人读给对方听，相互指出读的缺点；

展示：教师指定一到两名学生读课文并赋分。

五、赏析课文（10分钟）

1.点名学生谈读了这则小故事的体会（不需要自学合作环节）（1分钟）。

2.孔君平为什么指着杨梅说："此是君家果？"杨氏之子为什么回答说："未闻孔雀是夫子家禽？"你觉得杨氏之子回答孔君平的话妙在哪里？（4分钟）

自学（1分钟）：自己思考；

合作（1分钟）：小组交流见解，教师及时予以点拨引导；

展示（2分钟）：点名回答并赋分；

质疑（2分钟）：其他小队提出疑问或者补充。

3.应声的意思是"随着声音，形容快速"。"应声答曰"一句表现了杨氏之子的什么特质呢？

自学（10秒），合作（10秒），展示（10秒）

4.你觉得杨氏之子不同于一般孩子的地方体现在哪些方面？（有礼貌，

反应快速，随机应变。）

自学（1分钟），合作（1分钟），展示（1分钟），质疑（1分钟）

六、背诵课文（6分钟）

自学：要求生起立在3分钟内背诵原文，背过的坐下；

合作：要求背过的小组内互相检查（1分钟）；

展示：教师点名两名学生背诵并赋分，而后全班齐背诵（1.5分钟）。

第二课时

七、点名生再谈体会（2分钟）

八、扩写（27分钟）

提示（2分钟）：

本文55个字，请扩写成110字以上的小故事。可以从以下几方面思考：

1.孔君平拜见杨父，其不在，在"乃呼儿出"之前会有哪些细节文中没有体现？

2.杨氏子为什么会"为设果"，他是怎么想的？

3.孔君平和杨氏之子对话时相互心里又是怎么想的呢？

"未闻孔雀是夫子家禽"后面是否还可能有其他对话呢？

自学：自己思考并改写（10分钟）；

合作：小组两人相互读给对方听并给对方提出意见和建议（5分钟），各自再修改；

展示：点名学生读自己的作品并让其他组导师点评，老师赋分（5分钟）。

质疑：其他小队提出意见和建议（5分钟）

九、课外阅读延伸（11分钟）

阅读短文回答问题：

1.借助注释用现代汉语说说本文划线句子的意思；

2.你赞同谁对雪的比喻？为什么？

通过自学（4分钟）、合作（3分钟）、展示（2分钟）、质疑（2分钟）。

咏雪

谢太傅寒雪日内集，与儿女讲论文义。俄而雪骤，公欣然曰："白雪纷纷何所似？"兄子胡儿曰："撒盐空中差可拟。"兄女曰："未若柳絮因风起。"公大笑乐。

注释：

内集：家庭集会。

讲论文义：谈论诗文（论：讨论）。

儿女：指侄子辈。

俄而：不久，不一会儿。

骤：急速，大。

欣然：高兴的样子（欣：高兴 ；然：……的样子）

胡儿：即谢郎，字长度，谢安哥哥【谢无奕】的长子，做过东阳太守。

差可拟：差不多可以相比。

未若：不如，比不上。

数学新学课模板（小学）

学习目标

基本目标加上"培养提出问题与探究问题的意识、习惯和能力，逐步培养建模意识与思想"。

学习时数：2课时

学习过程：

一、复习旧知，温故知新

复习与本节新学知识有紧密关联的旧知识，为学习新知识打基础，做铺垫。如果没有与新知识之间有紧密关联的旧知识，可以取消本环节。

二、感知情境，提出问题

出示书上的情境图或者自己创设相关情境，让学生提出数学问题。

自学：生自己思考能提出什么问题；

合作：小队两人交流自己的问题，并讨论应该提出什么问题；

展示：教师点名小队展示。

三、分析推测，寻找方法

从学生提出的问题中确定一个利用本节知识点解决的问题，让学生思考通过学过的知识和经验如何解决这个问题。如果学生的问题没有提到点上，教师直接提出该问题。

自学：生自己思考解决方法；

合作：小队两人交流自己的办法，并探讨出最好的方法；

展示：教师点名小队展示自己的方法；

质疑：请同学们对展示的方法提出自己的不同看法。

四、探究思考，总结结论

老师从学生得出的办法中确定一种办法（教材肯定的办法），并提出具体探究步骤和操作要领，让全班生共同讨论，得出正确结论——公式、定理等。

布置完探究任务后，出示知识点转化的一系列问题，让学生以这些问题引领着进行探究，且在探究过程中完成这些问题。探究结束，问题完成，也就得出了结论。也就是完成问题的过程就是探究的过程。

自学：生自己独立探究，并完成问题；

合作：小队交流探究结果，并共同完善探究过程和结论（问题）；

展示：教师点名展示探究过程和结论（问题）；

质疑：学生质疑展示者的过程与结论（问题）。

五、应用结论，解决问题

教师要求学生用得出的结论（公式、定理等）来解决提出的问题，或者解决一些实际应用问题来巩固对这一结论的应用。

自学：自己用结论解决开始提出的问题；

合作：小队内交流解决问题的过程和结果；

展示：教师点名展示；

质疑：有疑问的生质疑。

六、学以致用，巩固练习

老师出示巩固练习题，学生完成。

自学：学生独立完成；

合作：小队交流练习题完成情况；

展示：点名展示；

质疑：有疑问的学生质疑。

七、达标检测，反馈学情

教师出示本节达标检测题，学生限时完成。

自学：学生独立完成；

合作：异队评阅（前后或者循环）试题；

展示：通过举手示意展示答题结果，老师适当赋分。

若有时间，让生通过独立完成并小组合作纠正错误，若没有时间，布置课下完成纠错。

八、回顾小结，交流收获

九、布置作业，继续巩固

课例（数学 低年级）
《比较》学案（一年级）

学习目标：

1.通过观察、操作，按指定标准或自定标准，会比较事物的大小、多少、轻重、高矮、长短、远近、宽窄、粗细、厚薄。

2.在比较的活动中，形成初步的观察、分析、比较能力。

3.逐步培养自学、合作、展示和质疑的意识、习惯和能力。

4.培养提出问题与探究问题的意识、习惯和能力，逐步培养建模意识与思想。

学习时数：2课时

知识点：

按指定标准或自定标准，会比较事物的大小、多少、轻重、高矮、长短、远近、宽窄、粗细、厚薄。

学习过程：

一、感知情境，提出问题

多媒体出示书上的情境图，引导学生认真观察第27页图画，向小朋友提出问题：小明和妈妈是怎样放衣服的？看看这些裤子，你能看出什么？你是怎么知道的？图中还有什么？你想对大家说什么？请同学们仔细观察，你发现了什么数学信息？ 通过这些数学信息你能提出什么问题呢？

自学：学生自己思考能提出什么问题；

合作：小队两人交流自己的问题，并讨论应该提出什么问题；

展示：教师点名小队展示；

质疑：请有不同意见的同学提出自己的看法。

二、分析推测，寻找方法

从学生提出的问题中确定"小明和妈妈是怎样放衣服的"为本节要解决的问题，让学生思考通过学过的知识和经验解决问题。如果学生的问题没有提到点上，教师直接提出该问题。

自学：学生自己思考解决方法；

合作：小队两人交流自己的办法，并探讨出最好的方法；

展示：教师点名小队展示自己的方法；

质疑：请同学们对展示的方法提出自己的不同看法。

三、探究思考，总结结论

求小明和妈妈是怎样放衣服的？想一想怎么办？

自学：自己独立完成（教师巡视，视其情况予以指导）；

合作：同桌之间相互检查补充（教师巡视，视其情况予以指导）；

适时引导有的可能看出裤子的长短、其他东西的大小、多少、轻重、高矮、长短、远近、宽窄、粗细、厚薄，然后再交换意见。（教师巡视，视其情况予以指导）；

展示：找同学上黑板回答并用高拍仪展示，其他同学评判或补充，视其回答情况赋分。

注意引导学生说完整的话，用"谁比谁……"的形式表达比较的结果：妈妈的裤子比爸爸的短……（渗透比较的相对性）

质疑：对以上问题有疑问的同学举手提问，由班上其他小队回答，教师给回答的小队赋分。

四、应用结论，解决问题

玻璃球怎么比呢？

自学：自己独立完成（教师巡视，视其情况予以指导）；

合作：同桌之间相互检查补充（教师巡视，视其情况予以指导）；

展示：找同学上黑板回答并用高拍仪展示，其他同学评判或补充，视其回答情况赋分。

质疑：对以上问题有疑问的同学举手提问，由班上其他小队回答，教师给回答的小队赋分。

五、学以致用，巩固练习

出示P28自主练习1、2、3、4、5、6、7、8题，老师讲解每题要求和做法，然后：

经过以下环节

自学：自己做（教师巡视，视其情况予以指导）；

合作：同桌之间相互检查（教师巡视，视其情况予以指导）；

展示：找三名同学讲解做法，其他同学评判或补充，视其回答情况赋分。

质疑：对以上问题有疑问的同学举手提问，由班上其他小队回答，教师给回答的小队赋分。

六、达标检测，反馈学情

同桌异题

自学：自己独立完成试题；

合作：教师出示答案，前后位（异队）相互阅卷评分；

展示：通过学生举手示意，教师赋分，前后位相互监督是否诚实呈现自己的检测结果。

七、回顾整理，小结收获

让学生说一说本节课学到了什么？

自学：学生独立思考；

合作：同桌两人相互说一说；

展示：点几名同学回答说自己的收获，师给予鼓励。

八、布置作业 继续巩固

找一找，我们周围有没有可以比较的东西，你能用比较方面的知识说一说吗？

课例（中、高年级数学新学课）
《小数乘小数》学案（五年级）

学习目标：

1.掌握小数乘以小数的计算法则。

2.逐步培养学生的自学、合作、展示、质疑的意识、习惯和能力。

3.培养学生的建模思想。

学习时数：2课时

知识点：小数乘小数。

学习过程：

一、复习旧知，温故知新

1.计算下列各题并说出计算方法。

3.2×5   8.4×1   9.5×2

上面各题都是小数乘以整数，说一说小数乘以整数的意义。

自学：学生独立完成填空题，完成后举手。教师巡视并适时适当点拨；

合作：小队两人交流填空题答案，队长问，队员答，队长再补充。并就论述过程中有异议的地方相互探讨，可以向周边同学寻求帮助。完成后举手。教师巡视并适时适当点拨；

展示：教师点名小队展示并赋分。

质疑：学生对以上展示的问题存在疑问的，举手提问，由班上其他同学回答，教师给回答者赋分。

二、感知情境，提出问题

出示书上的情境图，请同学们默默地读一读，你发现了什么数学信息？通过这些数学信息你能提出什么问题呢？

自学：学生自己思考能提出什么问题；

合作：小队两人交流自己的问题，并讨论应该提出什么问题；

展示：教师点名小队展示。

质疑：请有不同意见的同学提出自己的看法。

从学生提出的问题中确定问题：

买肉花了多少钱？买鱼花了多少钱？

三、分析猜测，寻找方法

让学生思考通过学过的知识和经验解决问题。

自学：生自己思考解决方法；

合作：小队两人交流自己的办法，并探讨出最好的方法；

展示：教师点名小队展示自己的方法；

质疑：请同学们对展示的方法提出自己的不同看法。

转换整数的方法、积的变化规律的方法

四、探究验证，总结结论

1.尝试列式计算，并说明计算过程。

2.计算并观察积的小数数位与因数中小数位数有什么关系。

3.小数乘小数，先按（　　　　）乘法的计算法则来计算，再看因数中一共有（　　　　）小数，就从积的（　　　　）起数出（　　　　），点上（　　　　）。

4.如果积的末尾有"0"，要先点上积的小数点，根据小数（　　　　），再把小数末尾的"0"去掉。

①自学：自己独立完成（教师巡视，视其情况予以指导）；

②合作：同桌之间相互检查补充（教师巡视，视其情况予以指导）；

③展示：找同学上黑板回答并用高拍仪展示，其他同学评判或补充，视其回答情况赋分。

④质疑：对以上问题有疑问的同学举手提问，由班上其他小队回答，教师给回答的小队赋分。

五、应用结论，解决问题

买鱼花了多少钱?

自学：学生独立完成，完成后举手。教师巡视并适时适当点拨；

合作：小队两人交流答案，队长问，队员答，队长再补充。并就论述过程中有异议的地方相互探讨，可以向周边同学寻求帮助。完成后举手。教师巡视并适时适当点拨；

展示：教师点名小队展示并赋分；

质疑：学生对以上展示的问题存在疑问的，举手提问，由班上其他同学回答，教师给回答者赋分。

六、学以致用，巩固练习

自主练习2题。

自学：学生独立完成，完成后举手。教师巡视并适时适当点拨；

合作：小队两人交流答案，队长问，队员答，队长再补充。并就论述过程中有异议的地方相互探讨，可以向周边同学寻求帮助。完成后举手。教师巡视并适时适当点拨；

展示：教师点名小队展示并赋分。

质疑：学生对以上展示的问题存在疑问的，举手提问，由班上其他同学回答，教师给回答者赋分。

七、达标检测，反馈学情

学生课本P8，第3题1、2、3小题队长做。4、5、6小题队员做。

自学：学生独立完成，完成后举手。教师巡视并适时适当点拨；

合作：小队两人交流答案，队长问，队员答，队长再补充。并就论述过程中有异议的地方相互探讨，可以向周边同学寻求帮助。完成后举手。教师巡视并适时适当点拨；

展示：教师点名小队展示并赋分。

质疑：学生对以上展示的问题存在疑问的，举手提问，由班上其他同学回答，教师给回答者赋分。

八、回顾整理，自我小结

同学们，谈一谈你们本节课有哪些收获，还有什么疑问呢；

自学：学生独立思考，完成后举手；

合作：小队两人交流，互相说一说各自的收获，队员先谈；

展示：教师点名小队展示并赋分；

质疑：学生对以上展示的问题存在疑问的，举手提问，由班上其他同学回答，教师给回答者赋分。

九、作业布置、再次巩固

初中数学新学课模板（2课时）

一、温故知新

如果学习本节新知识涉及的旧知识对学习本节知识非常重要，并且由于不常用，学生可能不是很熟悉了，这时一定要复习巩固这些知识，为学习新知打下基础。若本节知识与原来的知识联系不甚密切，或者虽然联系密切，但由于经常用到，学生非常熟悉，不复习也不会影响对新知识的学习，则可以不复习，直接去掉该环节。

通过自学、合作、展示、质疑四步完成。

二、学习新知

知识点：

（一）阅读教材

要求学生自己认真阅读教材和补充材料。然后说一说哪些知识看懂了，哪些知识没看懂。

如果学生通过阅读研究教材不能回答知识点转化的问题，不能学会知识点，那么，教师自己要重新梳理教材对知识点的推理过程，补充相应影响学生理解该知识点的环节和知识，甚至自己编写该知识点的推理过程，然后提供给学生，让学生把这些补充材料和教材一起阅读。

自学：学生自己阅读教材和材料，想一想哪些地方看懂了，哪些地方还不懂。

展示：教师点名好、中、差三类学生说一说看懂了哪里？哪里还不明白？能回答这两个问题就给分，以督查学生认真阅读教材和材料。

（二）呈现问题

教师呈现知识点转化的问题，学生认真阅读。教师备课时把本节知识梳理为几个知识点，根据教材对知识点的讲述，把每个知识点转化为一个或者几个学生可以通过自学能够解决的问题（新学课设计和成功的关键），让学生通过四步自学解决这些问题，从而水到渠成地学会本知识点。注意：教师设计的问题要处于学生最近发展区。

知识点转化的问题一般分为两类：过程性问题和结论性问题。过程性问题就是体现知识的推理过程的问题，结论性问题就是通过推理得出的法则、结论等关键性问题。为形象体现这两类问题对学习知识点的作用，在解决这两类问题时分别叫作曲径通幽和画龙点睛。

（三）解决问题

学生带着问题再次阅读教材并思考完成这些问题。

自学：学生带着问题再次阅读研究教材和补充材料，并独立完成这些问题。教师巡视全班，掌握学生学习情况。学生自学完成举手。

合作：小队内学生一对一交流知识点学习情况。具体做法：对于定义性知识小组两人相互提问（定义一般需要举例说明）；对于操作性任务小队两人相互做给对方看；对于需理解并计算的知识，两人相互检查并指出对方错误，给对方讲解，出现错误者在对方指导下改正；对于有异议的问题，两人探讨研究，小组内解决不了的问题由队长向其他小组请教。总之，通过合作环节队长不但自己要学会知识，还必须把自己的队员教会。教师设计的自学问题，原则上通过小队合作，任何小队都能完成，否则设计的题目就可能存在问题。教师不断巡视全班，掌握学生学习情况，适时适当对小队进行指导点拨，课改之处尤其是要重点帮助和指导队长如何指导队员学习。小队合作完成举手。

注意：课改之处教师要对小队合作进行精心指导，尤其是要教给队长如何指导队员学习，万不可放任自流。

展示：教师点名小队（一般是队员上台展示，然后队长评价或者补充）上台讲解知识点分解后的问题和最终得出的结论（知识点）。展示时小组两人同时站起，学生答完，导师接着补充。教师根据学生表现赋分。

质疑：教师询问全班，以上问题还有疑问的举手，有疑问的由班上其他同学回答解决（此环节限定时间在几分钟内）。

对于画龙点睛类问题，在展示并质疑后教师要让学生齐读一遍，并对学生反质疑，即在学生举手表示已经弄懂了该问题后，点名学生再次回答该问题，并可以用更深层问题或者变换角度或者要求学生举例说明等来考查学生是否真正弄明白了该问题。

（四）巩固练习

教师出示对应于所学知识点的习题（一般是教材上的练习，练习题的量根据具体时间而定。教材上的所有练习必须要在班上展示，不可让学生课下做一做了事）让学生完成。此过程要经过自学、合作、展示和质疑四个环节。

自学：全班学生在独立完成习题，此时教师巡视全班，掌握学生学习情况；

合作：小队内一对一相互检查做题情况，指出对方错误之处并予以讲解和指导对方纠正，但不能直接告诉其答案。此时教师巡视以掌握学生合作学习情况，并适当给予实在合作有困难的学生以点拨；

展示：教师点名学生展示巩固练习情况，并根据学生展示情况予以赋分；

质疑：教师询问全班，以上问题还有疑问的举手，有疑问的由班上其他同学回答解决。

每个知识点重复以上过程：

若一小节有若干个知识点，每个知识点重复以上步骤——出示知识点和该知识点转化的问题、新知学习和巩固练习。一般不允许几个知识点一起自学一起巩固，因为这样容易造成学生问题积累。

（五）达标测试

针对该小结知识点设计的各种类型的题目精心设计达标测试题，注意题型和数量要既能体现该知识点所涉及的各种问题，又要保证在规定时间完成。而且尽量同桌异题（题型完全相同，但变一下数量和角度），保证检测结果的准确性。

自学：自己独立完成试题；

合作：教师出示答案，前后位（异队）相互阅卷评分；

展示：通过学生举手示意，教师赋分，前后位相互监督是否诚实呈现自己的检测结果；

如果有时间，小队交流分析彼此的错题及原因并纠正，如果没有时间，老师布置各小队课下交流并纠正。

三、小结谈收获

学生总结本节收获，可以让学生独立思考后直接谈，也可以再经过小队交流环节后再谈。

四、布置少量课下作业

作文课模板（学习过程）

第一步：研讨写法

自学：教师出示作文要求，然后给学生提供几篇类似范文（三篇以上）。学生阅读范文并独立思考：通过阅读几篇范文获得的在内容和写作方法等方面的启事，结合自己的实际，思考老师提出的作文应该怎么写，并列提纲；

合作：小队交流——小队内交流讨论自己的思路，给对方提出自己的意见和建议；

展示：教师指定学生在课堂上讲讲自己的思路。

质疑：其他同学提出意见和建议，教师点评并赋分。

第二步：完成习作

自学：学生在规定时间内当堂完成作文；

合作：小组内互批——小组两人根据老师的批改要求批阅（字、词、句、修辞、语言、人物、思想感情、整篇文章结构等）指出对方作文中的不足。每生根据合作者的批语结合自己的反思，重写修改补充自己的作文；

展示：教师点名好中差三类学生展示自己的作文；

质疑：其他同学提出意见和建议，教师点评并赋分。

第三步：修改作文

学生根据展示范文的优缺点和老师及同学们的评价进一步修改自己的作文。

数学复习课模板（学习过程）

一、知识点复习

（一）提出问题

教师出示所要复习章节的相关知识点，让学生完成（如果忘记了某些问题，可查阅教材相关部分）。

（二）解决问题

1.自学：学生独立完成问题，若有必要可再去阅读课本相关部分（概念性问题一般要举例说明）；

2.合作：学生小队内一对一交流自学问题，交流方式同新授课。队长不明白的问题请教其他队长。通过合作队长要把自己的学生教会。教师巡视全班，了解学生合作学习情况，予以适当点拨。

3.展示：教师指名学生上讲台讲解知识点（一般是队员讲解，然后队长补充），并赋分。

4.质疑：教师询问全班，以上问题还有疑问的举手，有疑问的由班上其他同学回答解决。

二、巩固练习

教师出示对应于所复习知识点的习题让学生完成。

1.自学：学生独立完成习题，教师巡视全班以了解学生自学情况；

2.合作：合作方式同新授课。教师巡视全班了解学生合作情况并适当点拨；

3.展示：教师点名队员回答或者上讲台讲解复习的知识，队长补充。教师给展示的学生赋分。教师通过学生举手了解全班学生做习题的情况。

4.质疑：教师询问全班，以上问题还有疑问的举手，有疑问的由班上其他同学回答解决。

三、达标测试

针对该小结知识点精心设计达标测试题，注意题型和数量要既能体现该知识点所涉及的各种问题，又要保证在规定时间内完成。而且尽量同桌异题（题型完全相同），保证检测结果的准确性。

自学：自己独立完成试题；

合作：教师出示答案，前后位（异队）相互阅卷评分；

展示：通过学生举手示意，教师赋分，前后位相互监督是否诚实呈现自己的检测结果；

如果有时间，小队交流分析彼此的错题及原因并纠正，如果没有时间，老师布置各小队课下交流并纠正。

四、小结谈收获

学生总结本节收获，要谈通过复习获得了哪些新的收获，而不是重复新授课的收获。

注：①若一小节有若干个知识点，各个知识点都要通过自学、合作、展示、质疑四个环节逐一完成教学，一节课最后小结。若学生已具备较强的自学与合作能力，也可整节所有知识点让学生一起自学与合作，然后展示来完成复习任务。②如果学生对理论性知识掌握得比较牢固，也可以用巩固练习的方式进行复习，不再进行知识点复习。

英语课基本要求（新授课、复习课等各种课型）

一、教师尽量用英语上课。

二、进行各种形式的大量的会话训练，通过提高学生的听说能力来提高学生的英语学习兴趣，进而提高英语成绩。

三、课堂上任何问题的解决——不管是单词的朗读和拼写还是对话的训练都要经过学生"单独自学——小队合作交流——小队展示"三环节；翻译和练习题的处理要经过自学、合作、展示、质疑四环节。

四、评价机制改变：课堂表现计分、实行补考制、奖励课堂表现好的小队。

各学科复习课复习过程模板

第一步，教师提出问题和思路，即提出需复习问题或者说从哪几方面复习。

自学：学生独立复习。学生根据老师提出的要复习的问题独立复习，即独立梳理汇总并记忆或者演算各类知识；

合作：小队内相互检查或者交流复习的知识。若意见不能达成一致，队长向其他队长请教。

展示：老师指定学生展示自己的复习成果，其他小队补充。

质疑：教师询问全班，以上问题还有疑问的举手，有疑问的由班上其他同学回答解决。

第二步，巩固训练，就复习的内容老师提出训练题目，学生当堂训练。

自学：学生自己做题。

合作：小队两人互查或者交流答案。拿不准的问题，可以与其他小队讨论。

展示：老师指定小队展示训练题的解题思路和结果，其他小队补充。

质疑：教师询问全班，以上问题还有疑问的举手，有疑问的由班上其他同学回答解决。

第三步，达标测试

针对该小结知识点精心设计达标测试题，注意题型和数量要既能体现该知识点所涉及的各种问题，又要保证在规定时间内完成。尽量同桌异题（题型完全相同,但变一下数量和角度),保证检测结果的准确性。

自学:自己独立完成试题;

合作:教师出示答案,前后位(异队)相互阅卷评分;

展示:通过学生举手示意,教师赋分,前后位相互监督是否诚实呈现自己的检测结果。

如果有时间,小队交流分析彼此的错题及原因并纠正,如果没有时间,老师布置各小队课下交流并纠正。

试卷讲评课教学过程模板

一、自学

即重做错题。学生自己认真梳理试卷中错题,分析出错原因,若是马虎所致,自己做一遍看能否做对;若是思路不清或者根本不会所致,通过认真思考看能否解决。

二、合作

队员通过认真思考也不能解决的问题向队长请教,队长根据队员实际情况给予点拨,但尽量少讲。队长不太明白的问题向其他队长请教。

三、展示

教师在班上询问有无解决不了的问题,若有,让其他学生讲解;然后,再让几个学生讲解有共性错误的地方。

四、质疑

教师询问全班,以上问题还有疑问的举手,有疑问的由班上其他同学回答解决。

五、检测

教师出示全班有共性错误的同类题,让学生在规定时间内再通过自学、合作、展示、质疑四环节完成。

六、小结

让生讲一讲本节课收获。

历史、地理、生物、政治、科学、社会新学课模板

一、学习新知

（一）自读课文

学生认真默读课文及补充材料一遍。目的主要有二，一是让学生对本节知识首先有一个系统的整体感知，不至于在记忆理解各知识点时把一个有机的整体弄得支离破碎；二是让学生把一节知识当作一篇有趣的文章来读，激发学生的学习兴趣，提高学习效率。本环节学生坐姿要求：学生双手叠放胸前桌上，脚放平，腰挺起。教师巡视并适时适当予以点拨指导。

（二）学习知识点

1.梳理呈现知识点问题

教师用多媒体或者印刷材料或者高拍仪出示本课（节）需要学生掌握的所有知识点：可以根据具体情况采用问答题、填空、名词解释等多种形式呈现这些知识点（若知识点有一定难度，则教师要在生阅读课本时补充好充足的材料）。

不管哪个学科，凡是涉及图形的知识点必须设计成看图记忆理解知识的题目（尤其是《地理》《生物》为最多），提高学生学习兴趣和效率；涉及观察实物和实际操作（实验）（尤其是《生物》）或者社会实践活动（尤其是《思品》）的知识点，一定要设计成让学生通过实际操作体验这个过程而获取知识的题目，不可只死记硬背结果。

知识点：

①

②

③

④

……

2.学习知识点

自学：学生阅读这些问题后，带着这些问题再次一边认真默读课文，一边思考并填写问题答案。所有通过看书和思考能够自己独立完成的问题完成后举手。教师巡视了解学生学习情况并适时适当予以点拨指导。

合作：小队两人合作交流。方式为，队员陈述答案，队长补充或者纠正讲解或者探讨或者向周边寻求帮助，最后两人对答案形成一致意见。完成后举手。教师巡视了解学生学习情况并适时适当予以点拨指导。

展示：教师点名小队展示问题答案。展示时小队两人同时站起，队员回答，队长判断或补充。对于展示情况，教师通过征求全班意见来了解全班对该知识点掌握情况并给小队赋分。

质疑：所有知识点展示完成后，教师再次询问全班，有不懂的地方的小队举手质疑，由其他小队回答。

二、巩固练习

教师再次出示已经统一答案的所有知识点或者根据这些知识点设计的各种类型题目，作为巩固练习题。

自学：学生独立理解记忆这些练习题，完成后举手。教师巡视了解学生学习情况并适时适当予以点拨指导。

合作：小队两人相互检查对巩固练习的掌握情况。教师巡视了解学生学习情况并适时适当予以点拨指导。

展示：教师点名小队展示，展示时小队两人同时站起，队员回答，队长判断或补充。对于展示情况教师通过征求全班意见来了解全班对该知识点掌握情况并给小队赋分。

质疑：所有知识点展示（背诵理解记忆情况）完成后，教师再次询问全班，有不懂的地方的小队举手质疑，由其他小队回答。

三、小结谈收获

给学生几分钟时间思考本节学到了哪些知识，教师点名回答并赋分，一般让那些成绩较差的队员回答，以增加他们的加分机会，树立他们的自信心。

四、布置作业

若有必要可布置少量课下作业，能不布置就不布置。

（注意：①学生自学时呈现的知识点应该囊括本节应该让学生掌握的所有知识点，不要遗漏；②学生的自学与合作一定要落到实处：自学与合作的时间必须充分；保证学生全身心投入，尽最大努力把自学能学会的知识学会，自学没有学会时通过合作一定学会；③涉及图形的知识点，必须引导学生通过读图来获取知识，巩固练习亦然；④涉及实际观察、实验、社会实践等方面的知识点，一定要让学生经历这个过程，从而获取"活"知识。巩固练习亦然。）

九、课改实施过程

（一）成立课改领导小组

组长：王志勇

副组长：王书昌（小学组常务组长） 李广福（中学组常务组长）

组员：

小学组：李富强 鞠红英 高志国 齐 飞 李吉平 郑全虎

中学组：孙宝生 王建强 闫 超 时正军 任建国 苏海新

（二）成立课改团队

1.课改一期实验团队（2014.11—2015.6）

五年级全体教师

（1）语文、品社组：

组长：李 蕾

组员：张 丹 王 萍 苏汉全

（2）数学、科学组：

组长：李吉平

组员：王冬梅　董洪利　陈万兴

（3）英语组：

组长：张　霞

组员：郑全虎　孙婷婷　谢明月

2.课改二期实验团队（2015.7—2016.6）：

（1）成员

一至七年级七个年级全体教师。

（2）课改领导小组重点跟踪指导实验组

一、五、六、七四个年级各学科组为课改领导小组重点跟踪指导实验组，领导小组将统一组织各年级各学科组的备课、教研、听课、评课等各个课改环节，以及学期末课改课课堂教学评价。

（3）学校自行组织实施实验组

二、三、四三个年级由各学区小学根据上学期课改实施的经验自行组织实施课改，每学期末由学区课改领导小组统一组织进行课改课课堂教学评价。

（4）课改实验组的成绩考评

七个年级的工作业绩考评都按着课改课课堂教学评估成绩占50%的权重，教学成绩（试卷成绩）及教学常规、社团等其它所有成绩占50%的权重的计算方式。

3.课改三期实验组（2016.11.3—2017.2）

（1）成员

以小学为重点，一至八年级全体教师都参加课改；

（2）实行课改指导员制

课改指导员分学区指导员和学校指导员，指导员通过每周上公开课和指导课的形式指导全区和全校教师进行课改。指导员来自一、二期课改中成长起来的课改标兵。

4.课改四期实验团队（2017.3—今）

（1）成员：一至九年级全体教师。

（2）继续推行课改指导员制度。

（三）学习课改方案

课改领导小组组长组织课改领导小组和实验组教师学习课改方案，领会课改精神，研究课改具体实施办法。

（四）组建学习小队

1.准备成绩单

把最近的一次能够体现学生真实学习情况的考试的成绩单准备好，上面体现语、数、外三科单科成绩和三科总成绩及三单科及总分排名。

2.组建一对一学习小队

根据三科总分排名把学生分成较好和较差两部分，较好的一半做队长，较差的一半做队员。根据优秀队长对较好队员，良好队长对较差队员的方式分成一对一学习小队。一般情况下，根据总分确定队长与队员，学习小队不变，但各学科上课时有个别小队的队长和队员的角色可以互换。

3.组建四人小队

相邻两个两人小队组成一个四人小队。

（五）实验办法和流程

集体备课

1.课改初期集体备课

暑假期间，课改领导小组重点跟踪课改实验组的（一、五、六、七四个年级的各年级学科）备课情况，要求其分三个阶段备出下学期一半的课（至期中考试）并形成电子稿，在规定时间内发至课改邮箱，由课改领导小组审核修改。然后通过两轮集体备课确定终稿，发给课改组教师使用。

2.课改中后期集体备课

备课要经过四备两鉴定才可作为终稿用于课堂教学：

一备——主备人独立备课

同学科教师分章节分工备课，分得哪个章节就是该章节的主备人，必须在规定时间内独立按要求完成备课，在规定时间内发给同学科组老师们，老师们在集体备课前要认真研读教材和主备人的备课，并写出针对主备人备课的意见和建议。

二备——同学科集体备课

同年级同学科组教师在规定时间和规定地点集体备课。非主备人在集体备课前要通读教材，对研讨章节做到心中有数。主备人用多媒体呈现并讲解每节课备课思路，其他教师提出自己的意见和建议。

三备——主备人二次备课

主备人根据集体备课时老师们的意见和建议结合自己的思考认真修改补充备课，在规定时间内发给课改负责人鉴定。

一鉴定——课改领导小组一次鉴定

课改组负责人对主备人的二次备课鉴定后再发给同学科教师，如果鉴定不合格，主备人还要再次修改后再发给同学科教师。经过鉴定后发给任课教师的备课将被评估打分，作为该主备教师课改成绩的一部分。

四备——执教人再次备课

同学科老师对主备人的二次备课结合本班实际进行修改补充，然后在规定时间内发给课改负责人鉴定。

二鉴定——课改负责人二次鉴定

执教教师修改的备课经课改负责人鉴定合格后作为自己上课的备课使用，若鉴定不合格还需修改直至合格才能使用。

听课指导

（1）课改领导小组听课指导

每周课改领导小组和课改组其他成员（同科）对课改学科组带头人及一名成员（组员轮流）的课现场听课观摩，全体听课人员听课后对该节课进一步评价研讨，结合本节课给上课老师和课改实验组其他教师提出具体的意见和建议。开设公开课的学校全体同学科教师都要参与听课和研讨。

这个环节是课改最为关键的环节，因为整个课堂教学改革的走向完全靠课改领导小组的听课指导来把控。而这个课改领导小组的核心就是我本人，我是课改模式的创立者，我确定的标准和方向就是课改团队全体成员进行课改的标准和方向。因此，课改期间，我的主要工作就是听课评课，当时，平均每天听评课不少于4节，一周就用完一个听课记录本。在我们的课改展室里，我的几十本听课记录作为一个展区存在。

听课指导重点是，对每堂课教师引领学生自学的问题的设计，和四步自学中的每一步学生的表现，这两大部分的每一细节进行研讨和指导。

每次听课，一堂课下来，我在听课本上记录的指导执教老师改进的意见和建议最少的时候也不少于10条，最多的多达30多条，平均也在20条左右。往往是评课时，我自己就说一节课。如果评课在上午最后一节，几乎是每次评课都超过中午十二点半。在那段时期内，我中午按点吃饭的时候很少，经常是评完课回到办公室所在地的小餐厅，独自一人匆匆吃完炊事员给我留的饭菜，抓紧休息10分钟，再去听下午的课。晚上也常常是顶着星星回家。

（2）课改指导员听课指导

语文、数学和英语三学科的课改带头人由我自己听课打造，而其他成员，要由课改带头人去听课指导。我们把这些从课改团队中挑选出的成熟的优秀课改教师（课改带头人）作为课改指导员，通过定期听评课和指导集体备课等方式来指导其他课改成员的课改。课改指导员分学区指导员和学校指导员，分别承担学区和学校的课改指导工作。

十、取得的成果

"问题引领，四步自学"学习模式，充分激发出了孩子们学习的积极性和主动性，使学生在快乐学习中大幅度提高了学习成绩；同时，又培养了学生自主、合作、展示、质疑的良好学习习惯和能力，培育了学生的创新意识与创新能力。可以说，该模式实现了我们预期的目标，使我们终于在应试教育和素质教育之间找到了一个恰当的契合点。

"问题引领，四步自学"学习模式被立项为德州市教育科学"十二五"规划2015年度重点课题，并于2018年顺利结题，同时被评为德州市优秀课题。该课题研究成果被评为德州市教育科研成果一等奖，课题组三位骨干老师被评为德州市教育科研先进个人。

2017年3月25日至28日，应东联教育集团（中国教师教育视频网）邀请，我出席了在济南召开的第十七届名师论坛暨中小学课改成果展，为来自全国各地的校长和骨干教师700余人做了题为《寻找应试教育和素质教育的契合点》的学术报告，该报告历时3个小时，向与会人员介绍了寨头堡学区多年来在素质教育和教育教学改革等多项工作中取得的成果。此次论坛共有四位专家做学术报告，其他三位专家分别是教育部课程专家胡新懿、国家行政学院教授龚雄飞、全国名校长李升勇。寨头堡学区第三小学校长李吉平，用我们正在进行的课堂教学改革模式"问题引领，四步自学"展示了新学课《长方体的认识》。

2017年7月1日，《中国教育报》以《一场农村学校的课堂教学变革》为题，以整版篇幅报道了我们寨头堡学区的"问题引领，四步自学"课堂教学改革模式。该报道以我和陶继新先生对话的形式对"问题引领，四步自学"课改模式进行了深入分析和探讨。该报道分四个板块——"热爱教育扎根农村，立志改革打造名校""问题引领四步自学，打破常规空前高效""过程简单操作简便，分数增长素质提高""特点明显创新彰显，没有最好只有更好"。

2017年10月30日至11月2日，中国教师教育视频网（东联教育集团）在济南举办"首届中美跨学科教学高峰论坛"。来自美国的三位专家和中国小学数学界几位顶尖专家齐聚一堂同台展示，百花齐放、百家争鸣。我应邀在该论坛上为来自全国各地的教师做了题为《解密"问题引领，四步自学"学习模式》的学术报告。寨头堡学区第三小学校长李吉平和中心小学教师卞凯凯分别用"问题引领，四步自学"模式上了展示课。此后，我们的课改模式多次在全国性教学改革会议上展示。

"问题引领，四步自学"学习模式的走向全国，标志着我们寨头堡学区在打造全国农村教育优质名校的道路上迈出了坚实的一步。

第二章

课程改革
——语文大阅读课程化

从小学到中学，文科是我的强项，语文更是我的最爱。尤其到了中学，我的语文学科的优势更加凸显，对于我来说，学语文不费力，轻而易举就拿高分。我喜欢文学，喜欢读书和写作。新学期开学，语文课本发下来后，不等老师开始讲课，我会迫不及待地把课文从头到尾迅速通读一遍。但是，我不太喜欢上语文课，尤其不喜欢上课文讲读课，因为我不喜欢老师把一篇完整的课文条分缕析大卸八块，揪住一个问题，一句话甚至一个词语分析讲解起来没完。段落大意、中心思想、写作特点，重点词句，千篇一律，真的让人头疼啊！通过调查得知，大部分同学和我有同感——不喜欢听老师分析课文，听老师讲解分析课文，大部分时候是一种煎熬，当然，像王崧舟老师那样的名师除外，活又说回来，又有多少那样的老师呢？或者说，又有多少学生能遇上那样的老师呢？

个人经验，语文成绩好，与听老师分析课文关系不大，主要是和看书多有很大关系，尤其是阅读题和作文做得好跟喜欢阅读有直接关系。语文基础知识成绩好也和平时喜欢阅读有较大关系。

一、语文大阅读课程化改革的原因

《义务教育语文课程标准》指出："语文课程应致力于学生语文素养的形成与发展。语文素养是学生学好其他课程的基础，也是学生全面发展和终身发展的基础。语文课程的多重功能和奠基作用，决定了它在九年义务教育阶段的重要地位。"这段话阐明了语文课程的总体目标和培养学生语文素养的重要性。《义务教育语文课程标准》对语文素养的解释为："热爱祖国语文的思想感情，丰富语言的积累，培养语感，发展思维，初步掌握学习语文的基本方法，养成良好的学习习惯，具有适应实际生活需要的识字写字能力、阅读能力、写作能力、口语交际能力。正确地理解和运用祖国语言文字。语文课程还应通过优秀文化的熏陶感染，促进学生和谐地发展，使他们提高思想道德修养和审美情趣，逐步形成良好的个性和健全的人格。"

显然，这样的语文素养仅凭每学期一本语文教科书是远远不够的。因此，《义务教育语文课程标准》提出"具有独立阅读的能力，学会运用多种阅读方法。背诵优秀诗文240篇（段）。九年课外阅读总量应在400万字以上"。这就明确提出了把大量的课外阅读作为语文教学的重要内容的要求。近年来高考语文命题改革的相关文件要求和命题趋势表明，高考语文越来越注重对学生阅读量和阅读能力的考查，"得语文者得高考"，而只有"得阅读者才可得语文"。高考语文命题改革也进一步说明了大量阅读的重要性和不可替代性。高考语文命题的改革提醒我们，义务教育阶段即小学和初中的语文教学必须朝着大量阅读的方向发展，否则，等这些学生进入高中以后面对高中阶段大量具有较大难度的课程，学生根本没有时间进行大量阅读，就是硬挤出时间进行大量阅读，效果当然远不如在小学和初中阶段就已经有大量阅读的基础更好。再者，据相关研究显示，人的阅读速度基本定型于十四岁，十四岁以后，人的阅读理解能力或可增长，但速度却很难再提升。高考命题加大阅读量的改革和高中大量阅读材料的出现，对于"速度"的要求就更突出，而那个时候再培养阅读速度已经晚了。因此，小学和初中阶段的大阅读是提高学生阅读速度的基础。这更彰显了义务教育阶段"大阅读"的重要性。

那么，在义务教育阶段如何保证学生达到《课标》规定的400万字以上的阅读量，同时保证阅读质量呢？我们的办法就是进行"语文大阅读课程化"实践。这样，"大阅读"才会有时间和制度的保证，才能真正成为语文教学的重要部分，学生语文素养的提高才真正有了保证。

二、内涵解读——何为"语文大阅读课程化"

（一）大阅读

本课题中的大阅读，不仅仅指狭义上的大量阅读，大阅读的"大"体现在时间、空间、数量三个维度上。时间上，突破课堂四十分钟，突破在校的时间界限；空间上，突破课内课外，突破校内校外的界限；数量上，大大突破课标规定的底线阅读量，而且这里的大量不仅指书目和字数的大量，而且指文体的广泛。传统说法的"课外阅读"中的"课外"二字之所以去掉，是因为我们认为大量阅读是语文课程不可分割的一部分，不应该有课内课外之分，即不能把大量阅读作为只能在课外做的事情，学生的大量阅读应该和传统的语文教材的学习成为互为补充的有机语文课程整体。

（二）课程化

课程是对教育目标、教学内容、教学活动方式的规划和设计，是教学计划、教学大纲等诸多方面实施过程的总和。广义的课程是指学校为实现培养目标而选择的教育内容及其进程的总和，它包括学校老师所教授的各门学科和有目的、有计划的教育活动。狭义的课程是指某一门学科。本课题中的"课程化"是指把"大阅读"作为有明确的目标、统一的内容、规范的实施和标准的评价的课程来落实，它既是传统语文课程不可分割的一部分，又有自己相对独立的课程体系，而绝不仅仅是对语文教学起补充作用的课外学习。

三、课程目标

（一）改变一本教材讲一学期，一篇课文讲几节课的现状。把大阅读作为语文课程的重要组成部分，把大量阅读作为语文教学的重要内容。通过大阅读课程激发学生学习语文的兴趣，改变学生喜欢语文，但不喜欢语文课的尴尬局面。

（二）实现学生阅读数量的积累和质量的提高的有机统一，使学生通过大阅读课程真正全面提升听、说、读、写等语文素养。

（三）使学生在"大阅读课程"中受到文本表达的真挚情感和正确价值观

的感染，逐步培养学生正确的价值观和人生观，为实现立德树人的育人目标起到积极有效的作用。

（四）培养学生的阅读兴趣，使阅读成为陪伴学生一生且受益一生的好习惯。

四、课程内容

《义务教育语文课程标准》中"关于课外读物的建议"指出，阅读材料包括适合学生阅读的各类图书和报刊，童话、寓言、故事、诗歌散文作品、长篇文学名著、当代文学作品、科普科幻作品等。因此，我们在选定大阅读书目时，既考虑到不同年级学生的认知水平和年龄特点，同时还兼顾到书目的思想性、艺术性和文体的多样化。

从阅读量上说，各年级每学期规定书目在10本以上，小学低年级每学期各5—15万字，小学中、高年级和初中每学期各50—100万字。从阅读材料的内容上说，根据孩子的年龄特点和认知水平，各年级内容不同。从思想性艺术性上说，各年级阅读书目均选择充满正能量的积极向上且艺术水平均较高的古今中外名作。

（一）小学低年级

小学低年级，以较高年级的语文课本（一年级阅读二年级课本，二年级阅读三、四年级课本）和注音故事读本作为大阅读教材。

1.较高年级语文教材

一年级的孩子学完了二年级教材，二年级的孩子学完了三、四年级教材。这里的学仅限于正确认读生字和正确流利较有感情地朗读课文。把高年级语文教材作为阅读材料的原因有二：第一，为了大量识字。教材收录的课文有利于循序渐进有计划地让孩子识字，我们充分利用教材的这一优点。让孩子用高年级教材进行大阅读，使大量识字与大量阅读有机结合，同步进行。第二，教材收录的课文无论是内容还是思想方面水平都较高，读了有利于孩子的成长。

现在我们二年级的孩子识字量到了2500字，阅读不带拼音的课外读物基本没有障碍，完全读得懂。

2.注音读本

在阅读高年级教材的同时，我们还精选适合孩子阅读的课外注音读本，有计划地让孩子阅读。因为孩子的天赋条件不同，家庭环境有别，对低年级孩子的大阅读的阅读量我们因材施教，分类要求。我们把一个班的孩子分为A、B、C三类，三类孩子每学期分别阅读课外书15本、10本、5本，特别优秀的孩子可以读到20本。

语文课程标准要求小学低年级，即一、二年级两个学年总阅读量为不少于5万字。我们的孩子一学期（半年）阅读量A、B、C三类分别达到了15万字、10万字、5万字。

（二）小学中、高年级

小学中年级以童话、寓言、故事为主，兼顾科普和科幻作品；小学高年级阅读内容包括童话、寓言、故事、儿童诗歌散文作品、儿童版长篇文学名著、比较简单的当代文学作品、科普科幻作品等。

（三）初中

初中一年级阅读内容包括从思想性和艺术性都较小学更深刻和复杂一些的童话、寓言和故事，较为易懂的成人诗歌散文作品，成人版长篇文学名著、当代文学作品及较为简单的古文；初中二、三年级以长篇文学名著、当代文学作品和一定数量的古文作品为主。

五、课程实施

（一）学生角度

1.小学低年级

小学低年级——一、二年级，每天完成一定量较高年级课本和课外注音读书的阅读。

高年级教材的阅读要求：所有课文能有感情朗读；课后要求背诵的课文段落和古诗词都能够背诵；识记读过课文上的所有生字（不要求会写）；通过观察课本上的插图用自己的话来讲故事（尤其是低年级教材的插图）。高年级教材的阅读在课上完成。

注音读物的阅读要求：读懂故事大意；能够比较完整地讲述故事；能够说出自己读每则故事的感受。注音课外读物的阅读在课下完成。

2.小学中、高年级和初中

小学中高年级和初中主要从每天完成一定量阅读和根据要求完成大阅读笔记两个方面落实大阅读。大阅读笔记的设计主要包括以下几部分：第一部分，每本书阅读计划；第二部分，每天阅读笔记的内容：阅读时间，阅读页数，内容梗概，好词积累，佳句积累，主要人物特征简要分析，本节感悟；第三部分，整本书感悟：阅读时间，整本书梗概，主要人物具体分析，整本书感悟；第四部分，读后感。

语　文
大阅读

读书笔记

20　—20　学年第　学期

学校：寨头堡　　小学

年级：　年级　班

姓名：

乐陵市寨头堡学区
　20　年　月

目 录

1._____

2._____

3._____

4._____

5._____

6._____

7._____

8._____

9._____

10._____

阅读计划

20　　年　　月　　日 ——20　　年　　月　　日（　　周）

阅读要求

（1）按计划进度阅读：周一至周五每天　　页；周末两天每天阅读　　页。

（2）每天阅读情况由家长发小视频给语文老师。

（3）每天达到规定阅读量后，认真完成本"读书笔记"。

（4）一般两周一本书，第一周上一节引导课和一节指导课，第二、三周每周上两节交流课。具体情况如下：　　月　　日　　午第　　节上"引导课"，　　月　　日　　午第　　节上"指导课"，　　月　　日上两节"交流课"（第一节交流，第二节完成读后感）。

时　间	2021 年　　月　　日		
进　度	P　一		
内容梗概			
好词积累 （两个 词语）	解释	1.	
		2.	
	造句	1.	
		2.	
佳句积累 （最少一句 话，尽量选 修辞句）			
主要人物 特征分析 （1 至 2 人）	1.		
	2.		
本节感悟			

时　间	20　年　月　日
进　度	整本书结束
整本书 内容梗概	
主要人物 特征分析：先 进行性格特征 概括；接着用 具体事例来说 明。 （2个人以上）	人物一： 人物二： 人物三：
整本书感悟	

时 间:	20　　年　　月　　日
读后感（不少于500字）	

（二）教师角度

1.小学低年级大阅读教学

小学低年级大阅读教学，从教师的角度主要是上好两种课。

（1）阅读指导课

低年级语文教师每天用一课时完成大阅读指导课，按着朗读、识字、背诵（教材要求背诵的篇目或者段落）、看图讲故事的顺序来逐项引导和指导学生完成规定的高年级教材的大阅读目标任务。

具体教学过程，每项任务的完成都按"问题引领，四步自学"的学习模式要求的四步自学来完成，把课程改革与课堂教学改革有机结合起来，使二者齐头并进，相得益彰。

（2）晨讲

把原来每天的晨读时间改为晨讲，由学生来讲述昨天晚上阅读的故事中的一则并用一句简短的话说出自己的感受。抽签决定由谁来讲，每人讲故事时间限定在3分钟以内，每次晨讲全班同学都参与抽签。限时讲故事锻炼了学生的概括总结能力和语言组织能力，每次都抽签的做法又督促每个孩子都认真准备，杜绝了偷懒现象。

2.小学中、高年级和初中大阅读教学

（1）上好三种课型

小学中、高年级和初中学生每阅读一本书，教师都要按规定课时和内容上好大阅读引导课、指导课和交流课这三种课型。

引导课

每本书阅读之前上一节引导课。主要目的是，让学生对这本书的内容和特色有个初步的了解，引发学生阅读这本书的兴趣。老师提前布置学生通过网络查询，了解这本书的内容、人物和作者情况。上课流程为：首先，学生分别简介这本书的内容、人物和作者；其次，老师在学生简介的基础上作补充；再次，学生当堂阅读老师指定的一个章节或者一部分，然后完成读书笔记，接着按着读书笔记上的顺序——内容梗概、好词、佳句、人物、本节感悟逐项目展示，老师给予指导。

指导课

学生阅读某本书的过程中上一节交流课。主要目的是，通过交流课检查学生的阅读情况，进一步指导学生高质量完成大阅读笔记，以保证甚至提高学生阅读质量。上课流程为，教师根据进度指定某个学生已经阅读完的章节，让学生根据已经完成的大阅读笔记的规定内容和顺序逐项展示，每项内容可以指定多名学生展示补充，老师根据情况进行评价和指导。教师要根据学生读书笔记中存在的问题，有针对性地对学生进行引导和指导。

交流课

当学生完成一整本书阅读后，上两节交流课。第一节展示整本书阅读情况，第二节完成这本书的读后感。交流课主要目标是，检查学生阅读整本书的效果，指导学生完成这本书的读后感。上课流程为，第一节课根据大阅读笔记规定的整本书阅读完成的笔记内容，学生展示阅读情况，主要是简介本书主要内容和主题思想，具体分析主要人物性格特征，就某人物或者主题思想陈述自己的感悟等三个方面。某生展示完毕，其他学生发表自己的见解或者予以补充。如果有必要，教师根据学生的展示情况予以引导和指导。第二节课，学生独立完成读后感并展示。最简单的读后感的写法，就是把整本书完成后的读书笔记内容直接搬过来拼在一起。当然，提倡学生用不同于别人的独特思路完成读后感。允许甚至鼓励学生发表自己的独特的个性化感悟和观点。但是，当学生的思想观点跑偏时，教师要及时予以正面引导，必须弘扬正能量，消除学生的不健康思想，纠正他们不正确的观点，引导和培养学生树立正确的世界观、人生观和价值观，保证学生在提高语文素养的同时，思想道德素养也不断得到提升。

（2）检查大阅读笔记

大阅读笔记是学生每天完成规定阅读量以后必须完成的作业。语文老师每天都要认真检查批阅学生的大阅读笔记，学生出现的共性问题，教师在大阅读指导课上予以指导和引导。

（三）时间安排

课内，压缩传统语文教材学习的校内课时量，把节省的课时用于"大阅读"课程的教学。课外，压缩传统的机械重复的语文课外作业，把时间让给学生的课外大阅读。小学一、二年级课外只允许适量布置阅读作业，不允许有书写的作业。

六、课程评价

大阅读课程作为学生的必修课程，每学期要从过程和结果两个方面考核学生，考核结果要按30%的权重计入学生语文学业成绩和语文教师教学成绩。针对大阅读课程的完成情况对师生的双重考核，保证了大阅读课程的顺利实施和良好的效果。

（一）过程评价

1.大阅读笔记检查

对小学中高年级和初中学生来说，过程考核评价的重要内容是对学生完成大阅读笔记情况进行检查考核。这种检查一是指教师的检查。教师把大阅读笔记作为学生每天必须完成的作业来检查，根据检查情况来判断学生是否完成了规定数量的阅读，和完成大阅读笔记的质量，从而确定大阅读指导课应该侧重于哪一方面对学生进行指导。二是指学校的检查。学校通过每两周一次对各班学生大阅读完成情况的抽样检查（优、良、中、差四类各抽取一部分），来判断和评价学生完成大阅读和教师指导学生完成大阅读的情况，检查结果即作为学校对教师的过程性考核，也作为学校进一步指导教师做好该项工作的依据。

2.表达能力检测

对于小学低年级来说，过程考核就是检查学生的朗读、背诵、识字和讲故事等情况，一般在大阅读指导课的课堂上随堂完成，并且通过课堂积分计入学生的学期考核成绩。

3.活动和比赛

为了激发和保持学生对大阅读的兴趣，学校和班级每月定期举行涉及大阅读书目的话剧表演、讲故事、读书演讲、辩论会、朗诵等形式的各类比赛活动。学生的参与情况也作为大阅读的过程性评价。

（二）结果评价

小学低年级结果考核评价，是用专门制定的大阅读口试试题通过口试形式进行。题型为：认读单字，认读词语，朗读，背诵，讲故事等五类。小学中、高年级和初中学生的结果考核评价采用笔试的形式进行，题型和大阅读笔记内容基本相同。

七、特色和创新

（一）大阅读上升到课程化的高度，保证了大阅读的良好效果

语文大阅读的课程化，使我们把"语文大阅读"作为有课程目标、课程内容、课程实施、课程评价的真正的学校课程来落实，保证了大阅读的良好效果，使大阅读真正成为提高学生语文素养的重要途径。

（二）实现泛读与精读有机结合

1.大阅读课程注重学生阅读量的积累

《课标》规定小学阶段课外阅读总量不低于145万字，初中不低于260万字。我们的大阅读课程注重阅读量的积累，学生广泛涉猎各类知识，海量获取各种信息，从而成为适应时代发展的知识渊博信息量充足的现代人。大阅读课程的实施，使我们的所有孩子阅读量远远超过《课标》规定的底线阅读量，实现成倍增长。

2.大阅读课程注重学生精读能力的培养

只有精读才可以深入体悟文本遣词造句的精雕细刻之美和深刻的思想内涵。学生要想每天顺利完成大阅读笔记，就要在泛读文本的同时精读某些篇章或者段落。这就实现了对学生精读能力的培养。

3.评价结果计入学生学业成绩和教师教学成绩

考核评价结果计入学生学业成绩和教师教学成绩的做法，大大提高了师生对大阅读课程的重视程度，有效保证了大阅读课程的顺利实施，使大阅读课程成为语文课程的重要组成部分和提高学生语文素养不可替代的途径。

八、专项试题

2016——2017学年（上）寨头堡学区二年级大阅读口试试题
（A组）

学校： 姓名： 考号： 分数（满分120分）：

一、识字（60分）

（一）认读单字40个（40分）

坝 婉 逢 雅 猛 编 辈 慧 趁 歇 刮 妇 堵 绒 旱 嫩

终 渡 瓣 聊 垫 蜜 敲 繁 哄 联 厕 厚 馒 碎 柜 炖

卧 乳 炎 登 蹦 牵 碑 苗

（二）认读词语20个（20分）

合拢 郊外 遗迹 适宜 看守 纳闷 滋润 茂密 讲述 宽裕

耐烦 疙瘩 面颊 枯萎 篱笆 晃荡 宝藏 冥思 智慧 轮廓

二、朗读（要求：正确、流利、有感情。）（10分）

美丽的小兴安岭

我国东北的小兴安岭，有数不清的红松、白桦、栎树……几百里连成一片，就像绿色的海洋。

春天，树木抽出新的枝条，长出嫩绿的叶子。山上的积雪融化了，雪水汇成小溪，淙淙地流着。溪里涨满了春水。小鹿在溪边散步，它们有的俯下身子喝水，有的侧着脑袋欣赏自己映在水里的影子。

夏天，树木长得葱葱茏茏，密密层层的枝叶把森林封得严严实实的，挡住了人们的视线，遮住了蓝蓝的天空。早晨，雾从山谷里升起来，整个森林浸在乳白色的浓雾里。太阳出来了，千万缕像利剑一样的金光，穿过树梢，照射在工人宿舍门前的草地上。草地上盛开着各种各样的野花，红的、白的、黄的、紫的，真像个美丽的大花坛。

三、背诵（要求：正确、流利、有感情。）（10分）

（一）苏轼的《饮湖上初晴后雨》

（二）杨万里的《宿新市徐公店》

四、口语表达（40分）

（一）看图说话（10分）

请小朋友仔细观察下面这幅图画，展开想象，用至少五句连贯的话来讲一讲这幅图画里的故事。注意，不能用笔写然后照着读。

（二）复述小故事（30分）

1.请小朋友认真阅读你读过的书《　　　　　　　　　》上第　　页上的故事《　　　　　　　》，然后用自己的话准确、流利、有感情地讲述这篇故事。（10分）

2.说一说你从这个故事中学到了什么？（5分）

3.我这学期读了（　　）本书。（15分）

2017-2018（上）案头堡学区三年级大阅读期末检测题（A卷）

	一	二	三	四	总分
得分					

（时间：60分钟；总分：100分。　）

一、讲故事（26分）

从给出的五个故事中任选一个来讲（选择并回想1分钟）：

1.《大林和小林》中的《火车司机》；

2.《列那狐的故事》中的《在修道院里》；

3.《草原上的小木屋》中的《终于喝上清水了》；

4.《安徒生童话》中的《长跑比赛》；

5.《格林童话》中的《小红帽》。

讲故事要求：

（1）故事情节完整（10分：好10分，较好7分，可以5分，较差3分）；

（2）用词恰当，语言生动、顺畅、条理，不重复（10分：好10分，较好7分，可以5分，较差3分）；

（3）表情生动，绘声绘色（6分：好6分，较好5分，可以4分，较差3分）。

二、解词造句（24分）

从所给的解释中选择一句符合画线词语的解释，把该解释语句前面的序号填在对应词语后面括号里，然后用该词语造一个句子。

1.猎人们对这个可怜虫才不留情呢：**冷嘲热讽**像雨点似的向他洒过来。（《森林报（秋）》）

（1）画线词语的解释（　　　）

（2）造句：

2.五个"一条街"，各有独自的特色，把天津装扮得**多姿多彩**。（《中国地

理（上）》）

（1）画线词语的解释（ ）

（2）造句：

3.小毅想了想，才**恍然大悟**。（《奇妙的数学王国》）

（1）画线词语的解释（ ）

（2）造句：

4.人们奔走相告："哈雷真是**神机妙算**，给他算中了！"（《科学家故事100个》）

（1）画线词语的解释（ ）

（2）造句：

5.病到这种程度只能**听天由命**了，所以，我也不敢再请求为大王治病了。（《中国寓言故事》）

（1）画线词语的解释（ ）

（2）造句：

6.二十六夜大家都觉乏倦了，**鸦雀无声**地全都早休息。（《寄小读者》）

（1）画线词语的解释（ ）

（2）造句：

词语解释选项：

①对某事情一下子明白过来、突然醒悟，豁然开朗。

②形容善于估计复杂的变化情势，决定策略；或者能够识破对方的计谋。

③用尖酸刻薄的语言进行讥笑及讽刺。

④听任事态自然发展变化，不作主观努力。

⑤形容自然环境很静或形容人们默不作声；一声不响。

⑥指丰富多彩，形容颜色形态多样，很多种形状，很多种颜色。

⑦指有重大的消息时，人们奔跑着相互转告。

三、分析人物（30分）

把符合所描述的特点的人物前面序号填在后面括号里：

1.机智勇敢、争强好胜、疾恶如仇。（　　）

2.非常懒惰，一身臭毛病，他的小物品都不喜欢他。（　　）

3.爱说大话，又机智勇敢、正直热情。（　　）

4.因调皮被原学校退学，来到巴学园后，逐渐变成了一个大家能够接受的好孩子。（　　）

5.虽然没有两个哥哥博学，但他用有趣的做法使公主嫁给了他。（　　）

选项

①明希豪森男爵

②匹诺曹

③嘎子

④波罗乔少爷

⑤杰佩托深蓝色头发的仙女

⑥小豆豆

⑦汉斯

四、讲述阅读故事感悟（20分）

1.在《喜乐与我》这篇小说中，

（1）你最喜欢谁？为什么？（5分：第一问2分，第二问3分）

（2）你最讨厌谁？为什么？（5分：第一问2分，第二问3分）

（3）读了这篇小说，你有什么感想，或者说从中学到了什么呢？（5分）

2.从下面两个小题中选择一个回答（5分）

（1）你觉得《亲爱的汉修先生》中的汉修先生是个什么样的人呢？

（2）读了《窗边的小豆豆》，你有什么感想呢？

答：我选择第　　小题回答。答案是：

杨安镇小学四年级语文大阅读试题

2019——2020学年第一学期

时间：90分钟　　分值：110分（100分题目+10分卷面）

一、根据上下文推断**斜体词**的词义并造句（不能用短文中原话）（每小题4分，解释和造句各2分，本题共32分）

1.从他的一手很好的毛笔字上，从他的一口风雅的言辞上，从他的**文质彬彬**且又带有几分洒脱的举止上，便认定了许多种说法中的这一种。

词意：

造句：

2.就在这一刹那间，桑桑看到了一双**深邃**的眼睛。

词意：

造句：

3.经理脸上的肌肉开始难看的收缩着。他**尴尬**极了。皮皮鲁最讨厌这种衣着朴素、内心肮脏的伪君子。

词意：

造句：

4."我们和您站在一起！"同学们**异口同声**。

词意：

造句：

5.它们已精疲力竭，**奄奄一息**，可别怪我的手术不好，即使我不用剪刀剪去它们的触角，它们照样会衰老垂危的。

词意：

造句：

6.它独自在挖掘，因为它精通垂直挖掘的技术，这种挖法**事半功倍**，可以挖得很深。

词意：

造句：

7.老人见了我们很欢喜，叫我们坐，说已经大好了，受伤的不是要紧地方，四五日内可以**痊愈**。

词意：

造句：

8.我**莫名其妙**，及见卡隆独自站在那里默不作声，悲哀地看着我，那神情好像在说："你有母亲来抱你，我已不能够了！"

词意：

造句：

二、分辨下面的句子分别出自哪本书，把书名前的序号填在句子后面括号里（每小题2分，共8分）。

1.先生再继续着说："卡隆！要刚毅！要平静！这是你母亲所喜欢的。懂了吗？"卡隆点头，大粒的泪珠簌簌地落下在手背上、笔记簿和桌上。（　　）

2.爸爸不得不承认儿子的理论是正确的。是的，莉莎已经不是画了，他有人权。（　　）

3.夏天过后，细马与邱二妈又发生了一次激烈的冲突。（　　）

4.米诺多蒂菲喜欢露天沙土地，因为羊群去牧场必经那里，一路上总要不停地屙下羊粪蛋，那是它日常的美食。（　　）

①《草房子》②《皮皮鲁传》③《昆虫记》④《爱的教育》

三、人物分析：用具体事例来说明人物性格特征（既有性格分析，又有事例证明）（每小题5分，共20分）。

1.皮皮鲁

2.安利柯

3.秃鹤

4.桑桑

四、写一篇有关《草房子》的读后感，不少于400字，题目自拟（40分）。

杨安镇小学五年级语文大阅读试题

2019——2020学年第一学期

时间：90分钟　　分值：110分（100分题目+10分卷面）

一、根据上下文推断斜体词的词义并造句（不能用短文中原话）（每小题4分，解释和造句各2分，本题共32分）

1.每当遇到什么**棘手**的事情，蒋校长就用一支带橡皮头的铅笔敲自己的脑袋，这样敲起来比较有弹性。

词意：

造句：

2.最喜欢到处摸摸搞搞的米老鼠，这时也**蹑手蹑脚**的。

词意：

造句：

3.我在乡村的田园上，仍然过着**颠沛流离**的生活，处处靠着灰尘的提携。

词意：

造句：

4.然而结核杆菌和鼠疫杆菌等这些**穷凶极恶**的病菌就很调皮，它们在离开人体到了外界之后又能暂吃别的东西以维持生活。

词意：

造句：

5.刘唐还是**不依不饶**的，这时候晁盖也赶来了，好不容易才把两个人劝开。

词意：

造句：

6.宴席间，宋江想到卢俊义、石秀还在北京城大牢里，不禁**潸然泪下**。

词意：

造句：

7.肥猫想起上午米老师把他叫到办公室问了话，现在夏雪有这样问他，很有些**愤愤不平**。

词意：

造句:

8、那个长得像葛优的特别热情，是用双手握着他们的一只手，使劲儿地摇，像**久别重逢**的老朋友。

词意:

造句:

二、分辨下面的句子分别出自哪本书，把书名前的序号填在句子后面括号里（每小题2分，共8分）。

1.陈应达是那种体育一塌糊涂的男生，可他也爱亲临球场潇洒走一回。
（　　）

2.毛志达向他们摆摆手，一脸讨好的笑。（　　）

3.戴宗去了四五天，带回消息说:"曾头市有三千多户人家，其中一户叫作曾家府，这家的老子原来是金国人。"（　　）

4.气味在人间，除了香和臭两小类之外，似乎还有第三种香臭相混的杂味吧。（　　）

①《细菌世界历险记》②《水浒传》③《男生贾里全传》④《漂亮老师和坏小子》

三、人物分析:用具体事例来说明人物性格特征（每个人物最少分析出两种性格特征。既有概括性性格分析，又有事例证明）（每小题5分，共20分）。

1.豆芽儿

2.贾里

3.武松

4.宋江

四、写一篇有关《漂亮老师和坏小子》的读后感，不少于500字，题目自拟（40分）。

第三章

学校管理改革
——常规管理分层目标责任制

　　"一个好校长，就是一所好学校。"这句话和这个道理已经成为大家的共识。这句话说明了校长在学校发展中的决定性作用。但是，学校工作千头万绪，光凭校长一个人是很难办好一所学校的，校长的作用在于谋划全局，用自己正确而先进的教育理念通过一系列方针政策来引领全体教育干部和教职员工齐心协力把学校的教育教学工作做好。也就是说，具体工作必须靠充分调动起全体教职员工的工作积极性才能做好，否则，校长的个人水平再高也很难办好一所学校。因此说，要想搞好教育教学工作，作为一个优秀的校长来说，必须具备两条，一是对教育教学有正确的认识，具有先进的教育教学理念；再是，能够充分调动全体教育干部和教师的工作积极性。二者缺一不可。那么，如何调动全体员工的工作积极性呢？一般情况下，水平较高的校长应调动校委会成员的工作积极性，让他们亲自或者带领老师们去干自己分管的一摊具体工作。但是，现在学校里的工作千头万绪，纷繁复杂，光凭校委会成员的力量，有时也难以应对。学校不是校长一个人的，也不是校委会成员这几个人的，它应该是全体老师和学生的，他是我们全体师生共同的家园。既然如此，每位老师和学生都有责任和义务参与学校管理，都有责任和义务把我们的学校搞好。既然如此，如果全体老师甚至全体学生，都来参与学校的常规管理工作，那学校的工作还会干不好吗？更重要的是，全体学生参与学校管理可以培养他们的主人翁责任感、参与公共管理的意识和能力、自我管理的意识和能力，总之，可以提升全体学生的多方面素质，为孩子们今后走上社会奠定良好的基础，或者说为孩子的终生发展奠基。抱着这种想法，我们尝试进行了学校常规管理分层目标责任制，让全体教师和学生都参与学校常规管理。

一、内涵解读

所谓学校管理目标责任制，就是把学校的所有常规工作（《学校常规管理细则》的内容）逐层分解，每一层对上一层负责。校长负总责；学校工作分成几大"块"，科室主任各承包一"块"工作，有几个科室，就把全体教师分成几"波"，每一"波"归一个科室领导；全体教师均分所有具体工作，每位教师都承担一份具体工作和一份管理工作，即每一位老师既是某一项具体工作的执行者，又是另一项工作的监督和管理者；全体学生每人负责若干项能承担的任务。每位干部和教师，都配一名学生助理，从一开始协助老师负责学校常规工作逐步过渡到独立负责。这种管理方式的最明显的特点是，每位师生既要管理别人同时又被别人管理。真正实现每位师生履行义务的同时又行使权力，使权利与义务真正融于一身。

二、实施目标

（一）增强教师的主人翁责任感，教师全员参与学校管理，真正实现全体教师对学校的民主管理。

（二）实现学生的自主管理，培养学生的自主管理意识和能力。

（三）全体师生共同承担学校的各项工作，把校长和科室主任及班主任从烦琐的事务中解放出来，使他们把精力用于学校大事的精细化设计和自己的教学工作中。

（四）实现学校精细化管理水平的质的飞跃。

三、责任要求

（一）分层责任

1.学校所有常规管理项目都由全体教师分工管理，不能只是自己管理自己应做的项目，要教师之间相互管理，以达到自己做不好本职工作直接影响到责任老师的考核的效果。

2.校委会成员按类别分工管理学校常规性工作（管理到某几个教师），且自己也作为一般教师直接承担几项具体工作。

3.以上各项学校常规管理项目都上升到本校的制度规定，每周或者每天都有检查记录，有奖惩措施。建议奖惩措施为降低学期考核位次和大力度扣罚绩效工资、本校通报批评等。

4.各班级实行班级分层目标责任制，各班全体学生每人都承担若干项班级工作（包括学校分给班级的工作），班主任管理责任大组长，大组长管理责任组长，责任组长管理责任学生。

（二）督查要求

1.校长每天抽查规定一级指标的五分之一，一周把一级指标最少抽查一遍，重点项目一周要多次抽查。若感觉查不过来，可以在一级指标中选取一部分二级指标来查。

2.科室主任每天要抽查负责的所有一级指标。若感觉查不过来，可以每天在一级指标中选取一部分二级指标来查，但要保证每周至少把所有负责项目的二级指标都查一遍。重点二级指标要多次督察。

3.责任教师每天要检查负责的所有一级指标，重点一、二级指标要每天多次检查。

4.责任学生干部每天要检查负责的所有一级指标，重点一、二级指标要每天多次检查。

（三）档案管理

所有目标责任制考核过程记录和期终考核档案齐全规范。

四、督查考核

各学校实行层层督查，责任上下连带。学区督查室，负责对各学校学校管理分层目标责任制实施情况的日常督查工作，督查结果作为每学期学区对各学校常规管理考核的依据。

五、责任分工

1.学校常规管理责任分工

寨头堡学校常规管分层目标责任分工情况表

_____学年_____学期

一级责任人	二级责任人（副校级领导）	三级责任人（中层）	直接责任人（教师个体）	责任对象	目标要求（略，见《管理细则》）
校长	副校长	教导主任	教师	作业	
			教师	备课	
			教师	上课	
			教师	办公	
		科研主任	教师	常规听评课	
			教师	教研活动	
			教师	周末茶座	
			教师	课程改革	
	副校长	环卫科长	教师	教室环卫	
			教师	楼道环卫	
			教师	厕所环卫	
			教师	办公室环卫	
			教师	校园环卫	
			教师	功能室环卫	
			教师	档案室环卫	
		安全科长	教师	教师值班	
			教师	门卫执勤	
			教师	疫情防控	
			教师	师生纪律	

一级 责任人	二级 责任人 （副校级 领导）	三级 责任人 （中层）	直接 责任人 （教师 个体）	责任对象	目标要求 （略，见《管理细则》）
		总务 主任	教师	资产账目	
			教师	卫生用具	
			教师	办公用品	
			教师	日常维护	
			教师	水电校舍	
	副校长	文体 科长	教师	校园广播	
			教师	校园广场舞	
			教师	社团活动	
			教师	升旗仪式	
			教师	课前一首歌	
			教师	文体活动	
		德育 主任	教师	好孩子表	
			教师	上放学	
			教师	星级少年评选	
			教师	校本德育课程	
			教师	重大节日 德育活动	
			教师	宣传栏	
			教师	师生文明	

2.班级常规管理责任分工

寨头堡学校班级常规管理分层目标责任分工情况表

_____年级_____班　　　　_____学年_____学期

一级责任人	二级责任人（学生）	三级责任人（学生）	四级责任人（学生）	直接责任人（学生个体）	责任对象	目标要求（略，见《管理细则》）
班主任	班长	卫生委员	教室责任区组长（学生3）	学生	课桌凳摆放	
				学生		
				学生	课桌桌面	
				学生		
				学生	地面	
				学生		
				学生	墙面	
				学生	窗帘	
				学生	讲桌	
				学生	黑板	
				学生	绿植	
				学生	图书角	
				学生	黑板报	
				学生	门窗	
			楼道责任区组长	学生	地面	
				学生	墙面	
			厕所责任区组长	学生	地面	
				学生	大便池	
				学生	小便池	
				学生	洗手盆	

一级责任人	二级责任人（学生）	三级责任人（学生）	四级责任人（学生）	直接责任人（学生个体）	责任对象	目标要求（略，见《管理细则》）
			校园责任区组长	学生	绿化带	
				学生	地面	
				学生	墙壁	
			功能室责任区组长	学生	地面	
				学生	桌面	
				学生	门窗	
				学生	窗帘	
			自行车摆放区组长	学生	男生	
				学生	女生	
		纪律委员	路队长	学生	课间路队	
				学生		
				学生	上学路队	
				学生		
				学生	放学路队	
				学生		
			课堂纪律组长	学生	左三排	
				学生	右三排	
			校园纪律组长	学生	上午	
				学生	下午	

一级责任人	二级责任人（学生）	三级责任人（学生）	四级责任人（学生）	直接责任人（学生个体）	责任对象	目标要求（略，见《管理细则》）
		文艺委员	校园广场舞组长	学生	一年级	
				学生	二年级	
				学生	三年级	
				学生	四年级	
				学生	五年级	
				学生	六年级	
			课前一支歌组长	学生	全班	
		学习委员	语文课代表		语文学科	
			数学课代表		数学学科	
			英语课代表		英语学科	
			科学课代表		科学学科	
			体育课代表		体育学科	
			品德课代表		品德学科	
			音乐课代表		音乐学科	
			美术课代表学生		数学课	
			信息课代表学生		信息学科	

六、管理细则

寨头堡学区学校常规管理细则

一、办公室

（一）办公桌椅

1.每桌一盆花，长势良好，管理及时；

2.桌面清洁；

3.桌上物品摆放整齐有序，无杂物；

4.抽屉关闭；

5.桌下清洁，无任何杂物堆放；

6.人离开，椅子及时放入桌下。

（二）地面

1.地面清洁，无任何杂物；

2.角落和墙根等处无杂物堆放。

（三）墙面

1.墙面清洁，无乱涂乱画现象；

2.张贴物整齐有序，不存在用糨糊直接粘贴纸质文档现象。

（四）作业架、文件橱等

1.作业架上作业等物品摆放整齐有序；

2.架上、架下无杂物堆积；

3.文件橱要求同作业架。

（五）门窗

1.玻璃干净，无灰尘，教师自己定期擦拭；

2.门窗完整，无破损；

3.门窗漆面新鲜，无漆面脱落或者污损现象。

（六）专室专用

1.办公室内要专室专用，不能放置放置炊具、床具等与办公无关的东西；

2.不能在办公室内做饭、洗衣等，做与办公无关的事情。

（七）管理制度

1.有办公室管理制度，以上项目都有专人管理，分工明确；

2.办公室要有卫生值日表，办公室卫生不允许学生打扫，不允许使唤学生打水；

3.有专人根据办公室管理制度，每天最少两次或者随时检查考核每位教师的卫生情况，且有检查记录；

4.办公室人员执行管理制度情况要计入本人考核。

二、教室

（一）课桌

1.桌面上物品摆放任何时候都整齐有序；

2.无论何时，所有课桌前后、左右都呈一条线，行、列都整齐有序，单桌前后左右间距相等。

（二）地面

1.地面始终整洁无任何杂物；

2.地面平整，无泥土疙瘩；

3.角落及墙根整洁，无垃圾等杂物。

（三）讲桌

1.桌面上物品摆放任何时候都整齐有序，且无与教学无关的物品；

2.讲桌排放周正，与黑板平行。

（四）墙面

1.墙面上所有展板、制度等教室文化张贴物品都悬挂、张贴整齐，无起角、皱褶、斜角等现象；

2.所有展板等都按规定时间及时更新内容。后墙艺苑蓓蕾每两周更新一次，其必须有显示更新时间，否则按没有更新处理；

3.墙面洁净无污损（凡有污损要第一时间修复）。

（五）图书角

1.图书角悬挂牢固、周正、美观；

2.图书摆放整齐有序。

（六）花草

1.教室内要摆放一定数量的花草，使教室内充满生机，营造温馨向上的氛围；

2.各种花草管理及时，没有干枯打蔫等现象。

（七）黑板

1.黑板擦拭及时；

2.黑板槽内粉笔末及时清理。

（八）黑板报

1.黑板报内容积极健康，形式新颖别致，字迹整洁规范；

2.内容定时更新，必须写明办报时间，否则按没办处理。

（九）灯具

1.灯具悬挂整齐，损坏及时更换；

2.灯具定时擦拭，无尘土；

3.关灯及时，有专人管理。

（十）有教室管理制度，以上九项都有专人负责管理，分工明确。

三、功能室和专用教室

（一）有专人管理；

（二）地面整洁无杂物；

（三）墙面洁净无污损；

（四）门窗完整，无破损；

（五）门窗玻璃洁净，定期擦拭；

（六）各种制度和文化标牌悬挂整齐；

（七）使用后立即打扫和整理；

（八）各种使用记录及时更新无拖延；

（九）各种账目规范，账物相符；

（十）每周定时开窗通风。

四、档案室

（一）有档案室；

（二）档案室设计大气庄重；

（三）档案室橱柜桌椅摆放整齐有序，表面清洁无尘；

（四）档案室保持空气清新，地面、墙面卫生洁净。

（五）档案管理

1.档案分类存放，标签规范有序；

2.所有涉及本《学校常规管理》的分层目标责任制督查考核的档案和学校其他档案都及时入档。时间要求为本周五前必须把上周档案存入档案室。以后检查材料直接到档案室，档案室没有的视为没有做该项工作。

五、校园

（一）车辆摆放

1.机动车和自行车各自都定点、规范、整齐摆放；

2.机动车与自行车存放时，车头一律朝外，且位于一条直线上；

3.所有学生自行车都在校园内摆放，不允许学生随意放置在校外；

4.不允许学生骑电动自行车；

5.外来任何车辆（包括机动车和自行车）不允许进入校园。

（二）地面卫生

地面保持全天清洁，无任何杂物和垃圾。

（三）绿化

1.草坪

（1）及时修剪，整齐美观；

（2）无杂草；

（3）无任何垃圾和杂物；

（4）及时浇水或者排涝，没有因旱涝而影响草坪生长和美观的现象。

2.树木

（1）所有灌木和乔木都及时修剪，树形整齐漂亮；

（2）每种树木都挂有规范、漂亮的简介牌；

（3）及时打药除虫，没有因虫害而黄叶、枯叶或者死亡现象；

（4）所有乔木始终保持根部往上80厘米刷白涂料，5厘米红漆，且保持所有乔木刷白高度一致；

（5）及时浇水或者排涝，没有因旱涝而影响树木生长和美观的现象。

六、厕所

（一）地面清洁，无任何垃圾和杂物；

（二）墙根和墙角清洁无杂物；

（三）墙面干净洁白，无任何污损；

（四）尿池和粪便池清洁，无任何污物和杂物；

（五）卫生工具整齐有序摆放，不随意堆放或者乱扔；

（六）放学后冲水停止，不浪费资源；上学期间保持及时冲水状态；

（七）有厕所卫生管理制度与措施。

七、校园广播

（一）播音室要求

1.地面、墙面、桌面、橱柜上、播音器材定期擦拭，始终保持清洁无灰尘；

2.各种器材、橱柜摆放规范、整齐。

（二）播音前准备工作

1.有播音时间表和播音制度；

2.必须有一语文水平较高的教师专门负责播音稿件的审定和指导播音人员提前演练；

3.播音稿件专盒有序存放；

4.播音计划（一周内每天播放哪些内容）和播音稿必须提前一周准备好；

5.播音内容必须至少提前一周演练（包括教师寄语），把稿件读正确、流畅，不允许播音时出现磕巴和读错字现象。有规范的演练记录表；

6.每天各班轮流，一周内一至五年级轮流广播一遍，不能一个班播音一周。

（三）播音要求

1.播音员必须一男一女；

2.播音时，播音员必须安稳地坐好，不能站立播音；

3.每个播音员一个话筒，不能共用；

4.播音员播音时：

（1）声音洪亮；（2）音高适中；（3）语速适中；（4）普通话标准；
（5）语言顺畅。

5.音乐音量适中。

（四）播音内容要求

1.最少有"习作展台""教师寄语""表彰上周课改标兵和好孩子（每天一个班级）""每周一歌"等四个栏目，每周一歌必须每周一首，且为音乐课必唱曲目。

2.习作展台要求每班轮流供稿，各班从本班优秀学生作品中选取最好的提供给广播室。每学期要进行一次习作展台优秀作品评选，评出一、二、三等奖，给班级加分，给学生本人发奖状和奖品。

八、课间广场舞

（一）参加人员

本校全体教师和学生。

（二）进出场地要求

1.在本班门前整队进入场地，跳完舞整队带回到本班门前。

2.进出场地不准交头接耳，边走边吟诵诗词：（1）声音洪亮；（2）态度认真；（3）吐字清晰；（4）普通话标准。

（三）跳舞要求

1.教师在本班学生前面；

2.队列前后左右呈一条线；

3.动作与音乐节奏完美结合，不抢拍子，不脱拍子；

4.动作到位，肢体伸展到规定程度，没有应付现象；

5.舞者表情自然大方，面带微笑，不拘谨呆板；

6.跳舞过程中，不交头接耳，不左顾右盼。

（四）音乐要求

1.音量适中；

2.音乐节奏清晰流畅，没有断断续续不流畅现象，没有突然停顿现象。

九、社团活动

1.全体学生每人必须参加智力和体育两个社团；

2.每位老师最少都要带一个体育社团或者两个智力社团；

3.每周一、三、五体育社团活动，每周二、四智力社团活动，且二、四分别是不同的智力社团活动。当天没有智力社团活动的学生一律在教室读课外书，不允许干其他事情；

4.社团活动要定地点进行；

5.社团活动要保证40分钟的活动时间；

6.社团活动时，学生遵守纪律，不随意走动，不随便说话，安静，投入；

7.社团活动时，辅导老师必须全程在场，并对学生予以指导；

8.体育社团最少要有七种：跳绳、踢毽、呼啦圈、篮球、足球、羽毛球、乒乓球；智力社团至少八种，种类自选；特色社团至少一种，种类自选；

9.每校要有一至三个其他学校没有的特色社团。所谓特色社团，是指有专长的教师或者学生着力培养几个同样有该专长潜力的学生，使培养的学生具有明显的特长。

十、升旗仪式

（一）内容包括

1.升旗仪式；

2.国旗下讲话；

3.上周工作总结：①颁发上周课展标兵牌；②颁发上周班务流动红旗。

（二）升旗仪式包括

1.隆重出旗：护旗队员统一着装，在《歌唱祖国》的乐曲声中 迈着整齐的步伐前进；

2.庄严升旗；

3.郑重唱国歌，敬队礼。

（三）国旗下讲话可选其一

1.校长；

2.教师；

3.学生。

十一、教学常规

（一）开全课程

1.按课改要求开全课程、开足课时，尤其是音乐、美术、体育、信息技术、写字、校本德育课程、实验课等；

2.按要求的模式和内容上好以上课程；

3.每天都有对以上课程开设情况的检查记录。

（二）认真检查教学常规执行情况

1.每周检查内容：学校至少每周选择一项或者若干项目来查：作业、日记、作文、单元测试、写字、好孩子表、课堂积分公示表。具体检查内容见另外规定；

2.每天检查内容：小学科开全课程情况；小学科按要求的内容和模式上课情况。

（三）上课

1.不允许带手机；

2.不能随便离开课堂；

3.不允许坐讲。

（四）办公室工作常规

教师不允许在办公室做与工作无关的事情

（1）不能与办公室同事聊天；

（2）不能网聊（微信、QQ等）或者浏览微信朋友圈；

（3）不能在网上浏览或者观看与工作无关的内容：新闻、电影、电视剧等；

（4）不能接打电话，若有电话请远离办公室，到操场等地接打电话；

（5）手机调至静音或者震动状态；

（6）不能在办公室私人会客；

（7）不能做与工作无关的私活。

十二、上学放学

（一）上学，走路队到规定地点解散；

（二）放学，从规定地点开始，走路队到学校直至进入班级；

（三）放学走路队时，大声诵读诗词；

（四）路队解散地点必须定在桥头、路口和其他人流不集中的地方。

十三、德育

（一）好孩子表

1.每天家长根据孩子表现据实填写，每周末汇总一周情况，写好总体表现。

2.每周一孩子把上周的好孩子表交给班主任，班主任认真分析每个孩子的情况，并做本周好孩子表分析。在班会上表扬表现好的孩子，对出现的不良现象予以纠正和指导，与有较为严重和长期不改的毛病的孩子个别谈话，并留存谈话记录。

3.每周一评选一次好孩子，予以公示表彰。

4.每月召开一次好孩子表执行情况家长会议。

（二）星级少年评选

1.每学期评选一次，在开学一周（七天）内完成上学期星级少年评选。

2.星级少年类型

（1）道德之星：团结同学，尊敬师长，举止文明，爱护公物，维护班级和学校荣誉。

（2）体育之星：有一项体育项目在本班较为突出（全班前三分之一）。

（3）学习之星：全班学习成绩前四分之一的孩子都是学习之星。

（4）艺术之星：有一项艺术才艺在本班较为突出（全班前三分之一）。

（5）劳动之星：热爱劳动，积极完成班级劳动任务，在家坚持承包并积极完成至少一项家务劳动。

3.星级少年分级：一星级，二星级，三星级，四星级，五星级。

4.评选程序

（1）学生自荐，向星级少年评审委员会呈报申报书。

（2）申请人陈述申报每个星级的理由，全班同学对申报人申报的每个星级逐一举手通过，有一半同学举手就算通过。

5.每个同学最少申报并无条件通过一个星级，及所有孩子最少是一星级少年，让每个孩子都找到自己的闪光点。

6.学校对每班前四分之一的星级少年予以表彰奖励。

7.星级少年评选档案规范存放。

（三）校本德育课程

1.按课程表开设；

2.按规定模式上课。

（四）节日德育活动，要按统一安排保质保量完成。

1.清明节；

2.植树节；

3.劳动节；

4.妇女节；

5.端午节；

6.教师节；

7.中秋节；

8.感恩节；

9.春节；

10.元宵节。

十四、作业

（一）按晚间和周末作业规定要求布置学生作业；

（二）昨天晚上的作业，今天必须检查；

（三）日记必须在三日内评阅完成；

（四）作文必须在两周内评阅完成。

十五、文体活动

（一）春天（四月份），校园的春天摄影展；

（二）四球比赛，一学期一次；

（三）校园广场舞大赛；

（四）秋天（十月份），秋之韵叶子粘贴画比赛；

（五）儿童节；

（六）一学年一次小学生运动会。

十六、课改

（一）课改老师按学区计划参加听评课；

（二）课改教师认真准备公开课；

（三）课改教师按课改要求认真上课，打造成熟课改课型；

（四）课改班级每周一按时公示课展积分；

（五）课改教师积极参加课改相关活动；

（六）本校同学科教师必须参加学区统一安排的本校课改公开课听评课；

（七）三年级语文课改老师必须按要求上好日记讲评课、作文课、课外阅读指导课、晨讲课等，必须有计划指导孩子搞好课外阅读；

（八）按时上报课改指导员公开课和指导课计划，并按计划和要求上好公开课和指导课。

十七、周末茶座

（一）按时完成读书任务；

（二）按时参加"周末茶座"读书交流；

（三）按时完成读书笔记，并挂在博客上；

（四）学校在教师读完一本书后一周内，制作完成读书笔记文集（档案）。

十八、课前一支歌

（一）频率要求：一天两次，每次一首；

（二）歌曲要求：歌曲为本学期所学歌曲（国歌和少年先锋队队歌除外）；

（三）演唱要求：精神饱满，声音洪亮，曲调准确，表情舒展。

十九、材料报送

（一）各种材料按时报送；

（二）各种信息及时回复。

（三）网站稿件报送

1.每周一按时报送学区网站一篇稿件：新闻，文体、德育、教研活动纪实等；

2.稿件文笔流畅、措辞精准、内容真实、思想向上。

二十、学校宣传栏

（一）开学两周内更新完毕

（二）内容

1.教师：各级优秀教师、班主任、教育工作者（姓名，照片）；教学优胜奖教师（姓名，照片），课改标兵（姓名，照片）。

2.学生：班级总分前十名（同班集体照，姓名）；课改优胜小队和进步小队（名单）；四、五星级少年（单人照，姓名，班级）。

二十一、开学典礼

（一）开学两周内举行

（二）内容

1.表彰上学期优秀学生：（1）班级总分（所有学科，课改学科要记入课堂展示成绩）前十名；（2）班级好孩子10名；（3）班级星级少年（前四分之一）；（4）课改优胜小队和进步小队；（5）优秀播音员；（6）优秀班干部等。

2.表彰优秀教师（宣读名单）。

3.总结上学期工作，布置本学期工作。

4.其他内容。

二十二、学生文明纪律

（一）不在校园和教室追逐打闹。

（二）不在校园和教室大声喧哗。

（三）不说脏话。

（四）见到老师要问好。

（五）来到学校，或者到教室静静地看书学习，或者到操场、花园散步，不能在教室内外逗留嬉戏。

（六）课间和课前去卫生间或者操场、花园时，来回走路队，不成群行走。

二十三、学区集体活动

（一）按规定时间参加，不准迟到不早退。

（二）参加活动过程中遵守活动纪律，不交头接耳，手机调至静音，不接打电话。

（三）服从活动统一安排，不挑肥拣瘦，按要求完成任务。

二十四、门卫与值班

（一）大门全天关闭，上学与放学期间大门打开要有规定时长，且必须有门卫和值班老师在门口值班。

（二）外来人员和外来车辆一律不得进入校园。

（三）门卫必须24小时值班，实行无缝交接。

（四）门卫必须着保安人员服装上岗。

（五）门卫要保证学校财产安全，学校要与门卫签订安全责任书。

（六）学校一旦出现财产损失，必须能找到责任人和赔偿人，否则，校长承担全部责任。

二十五、各班级实行班级分层目标责任制，各班全体学生每人都承担若干项班级工作，班主任管理责任大组长，大组长管理责任组长，责任组长管理责任学生。

二十六、学校管理分层目标责任制相关要求

（一）学校所有常规管理项目都由全体教师分工管理，不能只是自己管理自己应做的项目，要教师之间相互管理，以达到自己做不好本职工作要影响到责任老师的考核。

（二）校委会成员按类别分工管理学校常规性工作（管理到某几个教师），且自己也作为普通教师直接承担几项具体工作。

（三）以上各项学校常规管理项目都上升到本校的制度规定，每周或者每天都有检查记录，有奖惩措施。建议奖惩措施：降低学期考核位次和大力度扣罚绩效工资、本校通报批评等。

（四）所有目标责任制考核过程记录和期终考核档案齐全规范齐全。

寨头堡学区

2017.5

第四章

校园文化校本课程化改革
——二十四孝、五常五美五品、论语

一、缘起

狭义的校园文化，主要是以可视的显性图景呈现出来的。不可否认，我们在设计显性的可视校园文化的时候，会充分考虑其装饰性功能，也就是好看，用它来把学校变得有品位、上档次，就好比家庭的装修。但是，校园文化还有一个比其装饰性作用更大更重要的作用是不容忽视的，那就是其育人功能。这一点好多学校也会注意到。但是，有一点可能有些学校没有关注太多，那就是没有想出更好的办法来实现这一功能。我在参观了全国各地的多所学校的校园显性文化的时候，就经常会想一个问题，我们如何才能把校园显性文化的育人功能充分发挥出来。课程是学校育人的主要载体，德智体美劳各种育人目标都是通过各种课程来实现的，这里还包括各种校本课程。在进行语文大阅读课程化实践的过程中，我把《论语》作为五年级学生的大阅读材料来用了；同时，我在设计闫芙蓉小学的校园文化的时候，考虑到《论语》是中华传统文化的瑰宝，想做一面论语墙，即把一面墙都写满论语。这时，我突然来了灵感，我们可不可以把校园文化和课程联系起来呢？我想，如果把校园文化和课程联系起来，也就是把校园文化做成我们的校本课程，使校园文化课程化，使学生通过课程的学习对具有高度浓缩性的校园文化具有深入而透彻地理解，使之深入学生的内心，从而最大限度地发挥校园文化的育人功能，

这不是充分发挥校园文化的育人功能的最好办法吗？于是，一个校园文化课程化的改革方案就在我的脑海中酝酿起来。面对教育均衡化后亟待重新设计和规划校园文化的现状，多种校园文化设计方案和校园文化课程化的思路涌上心头！

我们在进行校园文化课程化改革的过程中，把这项改革和我们的"问题引领，四步自学"课堂学习模式改革和语文大阅读课程改革有机结合起来，设计出校园文化课程独特的课堂学习模式。

二、目标

校园文化是围绕办学者的办学理念设计的，是为学校的育人目标服务的。为了使校园文化内化到学生心中，充分实现它的育人功能，我们把校园文化的内容做成德育校本课程来引领学生学习，实现了校园文化德育校本课程化。

三、课程

（一）二十四孝故事（丁道口小学校园文化）

1.设计为校园文化的原因

百善孝为先，孝道是一个人应有的道德素质，也是最重要的道德素质。试想，一个人如果连给了自己生命，养育自己成人的父母都不孝顺的话，他所表现出来的所有道德素质能是真的吗？所以说，实现立德树人的根本任务，培养孩子的道德素质，首先应该从孝道入手。尽管把二十四孝设计为校园文化，这是许多学校的做法，但是，我觉得我们把它作为我们的校园文化的主题部分，是永远都不过时的。我们不能仅仅把为了追求"新"和"奇"作为校园文化设计的唯一或者说重要的标准和要求，我们要考虑什么样的校园文化能对我们的育人目标起到更大的作用。二十四孝应该是校园文化内容设计的首选，关键是我们不能仅仅把它挂在墙上附庸风雅，我们要思考通过什么方式，采取什么措施，把二十四孝所体现的弘扬孝道的正能量的思想渗透到学生的心里，成为他们道德素质的重要部分；同时，还要把二十四孝中有些过火的不当做法指出来，让孩子明白哪些是我们当今应该摒弃的。

2.学习年级

三年级

3.学习目标

（1）会讲二十四孝故事。

（2）能辩二十四孝是非。

（3）要学二十四孝美德。

4.学习过程

（1）讲故事

自学：自己默读故事三遍，然后自己给自己讲一遍；

合作：小队两人互相讲给对方听，给对方提出自己的意见和建议；

展示：老师点名讲故事（3人左右）；

点评：其他同学点评讲故事情况。

（2）辨是非

故事中人物做法是否恰当？

自学：自己想一想；

合作：小队两人议一议；

展示：老师点名同学发表意见；

质疑：同学质疑评价；

提升：老师总结提升。

（3）学美德

我们要学习该故事中的什么，我们应该怎么做。

自学：自己想一想；

合作：小队两人议一议；

展示：老师点名同学发表意见；

质疑：同学质疑评价；

提升：老师总结提升。

（二）五常五美五品（中心小学校园文化）

1.设计为校园文化的原因

中华民族伟大复兴的中国梦的实现，必须以国民素质的不断提高为前提。如何提高？教育担负着不可推卸的责任。从哪些方面提高？中华文明源远流长，其实，古代先贤早就给我们指出了做人行事的基本标准和品性修养的基本要求，那就是五常、五美和五品。五常是指仁、义、礼、智、信，即仁爱、忠义、礼和、睿智、诚信；五美是指温、良、恭、俭、让，即温和、善良、恭敬、节俭、忍让；五品是指忠、孝、廉、耻、勇，即忠心、孝悌、谦恭、廉洁、勇敢。五常是自古以来中华民族奉行的做人的基本准则，或者说，自古以来中国的仁人君子认为的一个好人应该具备的基本的条件。五美是做人行事的五种美德，可以说，它是对一个人做到了五常的基本要求后的进一步要求。如果在做到五常的基础上又能做到五美，那么，就说明这个人在做人这件事上又上升了一个档次。五品是指人为人公干时应具备的五种品质，如果一个人具备了五常和五美以后又具备了五品的要求，那么他在做人处世上又上升了一个档次，可以说他已经是一个贤德的圣人，是大家的楷模了。五常之说，自古有之，而且众所周知；而五美和五品之说，是本人斗胆命名的。

2.学习年级

四年级

3.学习目标

（1）大体理解每个词的含义；

（2）能分辨生活中的哪些事情体现了这种品格；

（3）知道在生活中如何按着这种要求去做，即遇到相关事情，知道如何去做。

4.学习过程

（1）理解内涵

自学：自己默读，然后想一想是否理解内涵；

合作：小队两人讨论一下；

展示：老师点名展示；

质疑：同学质疑点评；

提升：老师总结提升。

（2）列举实例

自学：自己想一想生活中哪些事例体现了这种品格；

合作：小队两人把自己想到的例子说给对方听，并听取对方的看法；

展示：老师点名展示；

质疑：同学质疑评价；

提升：老师总结提升。

（3）指导行为

自学：自己想一想应该怎么做；

合作：小队两人把自己想到的例子说给对方听，并听取对方的看法；

展示：老师点名展示；

质疑：同学质疑评价；

提升：老师总结提升。

（三）论语（版本：刘益宏编著，闫芙蓉小学校园文化）

1.学习年级

五年级

2.设计为校园文化的原因

《论语》是儒家经典，其内容博大精深，包罗万象，涉及政治、教育、文学、哲学以及立身处世的道理等多方面。集中体现了孔子的政治、审美、道德伦理和功利等价值思想。可以说，《论语》是中华几千年优秀文化宝库中的瑰宝，甚至可以说是瑰宝中的瑰宝。自古就有半部《论语》治天下一说。可以这么说，如果我们的学生能够真正理解了《论语》的思想，并能够有意识地用来指导自己的生活、工作、学习和为人处世，那么，这样的学生一定会是非常优秀的人才。也就是说，《论语》应该是学校进行传统文化教育和德育的难得的教材。因此，我们把它做成我们闫芙蓉小学的校园文化——论语墙，并把它课程化，作为我们全乡镇五年级的校本德育课程。

3.学习目标

《论语》原文：

（1）正确、流利、有感情地朗读与背诵；

（2）理解重点词语和每句话的含义；

（3）理解每篇文章表达的思想；

（4）在日常写作中能恰当引用原句。

随文故事：

（1）所有字都要能够正确认读；

（2）理解故事涉及的成语含义和文本中重点词语的含义并能应用 —— 造句；

（3）理解每篇故事的主题是什么？该主题是论语中那句话或者哪则论语的思想的体现。

4.学习过程

（1）朗读

学生自己朗读论语原文两遍，再由老师范读，然后：

自学：学生自己读；

合作：小队两人互相读给对方听，并提出意见和建议；

展示：老师点名小队在班上读；

质疑：其他小队给予评价，提出意见和建议，老师给予指点或者再次范读学生读不好的地方。

最后学生齐读一遍。

（2）背诵

背诵《论语》原文

自学：学生自己背诵，一般站起来背，背过的坐下，这样效率高；

合作：小队两人互查背诵情况；

展示：老师点名小队展示；

质疑：其他小队给予评价，并提出意见和建议，老师也给予指导。

全班齐背一遍。

（3）释义

对《论语》原文进行翻译

自学：学生自己根据注解和译文翻译每句话的意思；

合作：小队两人相互检查翻译情况；

展示：老师点名小队展示翻译情况；

质疑：其他小队提出意见和建议。

（4）解析

分析解读论语表达的思想观点

独立思考：

自学：学生自己思考该则论语表达的思想观点；

合作：小队两人交流自己的观点；

展示：老师点名展示对该则《论语》思想观点的分析；

质疑：其他小队提出自己的意见和见解。

对照分析：

自学：学生自己对照课下导读，看看和自己独立分析的观点的差别；

合作：小队两人再次交流自己的观点；

展示：老师点名展示对该则《论语》的分析；

质疑：其他小队提出自己的意见和见解。

（5）拓展

成语造句：

老师指定该则《论语》中成语（如果文中有成语），让学生用来造句

自学：学生自己思考并造句；

合作：小队两人相互交流各自造的句子；

展示：教师点名小队展示；

质疑：其他小队给予评价并造句。

（6）链接故事：

研读后面的小故事

学生自己默读《论语》后面的小故事，想一想对这则故事的阅读感悟，分析该故事反映了该则论语的什么观点，这个观点体现在该则论语的那句话中。

自学：自己认真思考；

合作：小队两人交流感悟和观点；

展示：老师点名小队展示；

质疑：其他小队给予评价并提出自己的观点。

（7）链接生活：

从这则小故事生发开来，联系自己和周围的生活实际中的例子，谈一谈对这则小故事反映出的思想观点和你对它的看法。

自学：学生独立思考；

合作：小队两人把自己的思考相互说给对方听；

展示：教师点名展示；

质疑：其他同学给予评判，陈述自己的观点和实例。

注：朗读和背诵环节可以放在课下完成，上课时直接检查背诵情况就可以了。

四、考核题型

（一）二十四孝故事

1.说二十四孝故事40分：现场讲故事

2.辩二十四孝是非30分

（1）分析二十四孝故事主人公哪些行为是对的，哪些行为是错的。

（2）分析现实生活中事例。

3.学二十四孝美德30分

（1）日常生活中如何发扬二十四孝美德。

（2）判断并分析现实生活中事例。

（二）五常五美五品

1.理解内涵40分

2.分析事例30分

3.指导生活30分

（三）《论语》

1.原文填空30分

2.词语释义20分

3.观点分析20分

4.学以致用30分

五、专项试题

（一）"二十四孝"试题

"二十四孝"检测题

2017-2018（上）寨头堡小学三年级校本德育课程测试

学校：　　　　　　姓名：　　　　　　考号：

一、讲述"二十四孝"故事（40分）

请用自己的语言讲述《孝感动天》

要求：

1.故事情节完整（20分：好20分，较好15分，可以10分，较差5分）；

2.用词恰当，语言生动、顺畅、条理，不重复（10分：好10分，较好7分，可以5分，较差3分）；

3.表情生动，绘声绘色（10分：好10分，较好7分，可以5分，较差3分）。

二、辨"二十四孝"是非（30分）

（一）我们应该学习《怀橘遗亲》中主人公陆绩的什么（10分）？

答：1.

2.

（二）《埋儿奉母》中主人公郭巨的做法

哪些做法是正确的，值得我们学习的（5分）？

答：

哪些做法是错误的，是我们不能效仿的（5分）？

答：

如果你是陆绩，在这件事情上你会怎么做呢（10分）？

答：

三、联系生活（30分）

生活中，你觉得你自己在疼爱和尊敬自己的爸爸妈妈方面，哪些地方做得好（10分）？哪些地方做的不对或者不够好（10分）？以后应该怎么办（10分）？

（请小朋友一定说实话，撒谎不给分）

（二）"五常五美五品"试题

"五常、五美、五品"试题

2017-2018（上）寨头堡小学四年级校本德育课程

——《五常五美五品》测试

学校：　　　　姓名：　　　　考号：

一、理解内涵（40分，每小题5分）

把对词语解释正确的语句前面的序号填在词语后面的括号里：

仁 （ ）

义 （ ）

礼 （ ）

智 （ ）

信 （ ）

温 （ ）

良 （ ）

恭 （ ）

解释选项

①说话算数，答应人家的事情一定办到。

②别人有难时主动出手相帮。

③凡事不光想着自己，多替别人着想。

④明白事理。

⑤与人相处时，发自内心的尊敬对方。

⑥待人态度柔和。

⑦对人有礼貌。

⑧与人相处，怀有一颗良善之心。

二、实例分析（40分，每小题10分）

李爷爷七十多岁了，有一天，一个人过马路时被一辆汽车撞倒摔伤，肇事的汽车司机逃逸。好心的小伙子大刘开车经过事发地点，发现了躺在地上的李爷爷，拨打了120，并和赶来的医护人员一起把李爷爷送到医院抢救。李爷爷病情严重，成了植物人。闻讯赶来的李爷爷的儿女们，根本不听大刘的解释，一直坚持说是大刘撞了李爷爷，否则，大刘不会那么好心。于是，天天去大刘的家里和单位去闹，要他赔偿李爷爷治病花掉的几万元钱。大刘找不到证人，实在没办法了，甘认倒霉，赔上了几万元钱。李爷爷的儿女们尽管知道的确有可能不是大刘撞了李爷爷，但还是收下了大刘的钱。

问题：

1.大刘救李爷爷的行为属于做到了"五（　）"中的（"　"）；

2.李爷爷的儿女们的行为属于没有做到"五（　）"中的（"　"）。

3.假如你是大刘，你会怎么做？

4.假如你是李爷爷的儿女们，你会这么做？

三、指导生活（20分，每种观点5分）

请至少用"五常、五美"中的四种观点来说一说，如何正确的与同学相处。（用一段连贯的话来说明，不要作为四个小题来回答。）

（三）《论语》试题

寨头堡小学2016——2017学年第一学期

五年级《论语》试题

	一	二	三	四	总分
得分					

（时间：60分钟；总分：100分。　）

一、原文填空（本题共36分，每空2分）

子曰："学而时习之，＿＿＿＿＿＿＿＿＿？有朋自远方来，不亦乐乎？人不知而不愠，＿＿＿＿＿＿＿＿＿＿＿？"

子曰："吾十有五而志于学，三十而立，＿＿＿＿＿，五十而知天命，六十而耳顺，……"

定公问曰："君使臣，臣事君，如之何？"孔子曰："君使臣以礼，＿＿＿＿＿＿＿＿＿＿。"

子曰："君子喻于义，＿＿＿＿＿。"

子曰："三人行，必有我师焉。_____，其不善者而改之。"

子曰："_____，居无求安，敏于事而慎于言，就有道而正焉，可谓好学也已。"

子曰："温故而知新，_____。"

子曰："人而无信，_____。大车无輗，小车无軏，_____？"

定公问："君使臣，臣事君，如之何："孔子曰："_____，_____。"

子曰："_____，为礼不敬，临丧不哀，吾何以观之哉？"

子曰："见贤思齐也，_____。"

子贡问曰："孔文子何以谓之"文"也？"子曰："_____，_____，是以谓之"文"也。"

子曰："默而识之，_____，_____，何有于我哉？"

二、词句释义（把正确答案的序号填在每句话后面的括号里）（本题共16分，每小题2分）

1.学如不及，犹恐失之。（　　）

①学习赶不上成绩好的同学，恐怕就是很失败的事情。

②学习就像追赶什么似的，唯恐赶不上；赶上了，学到的知识又怕丢失了。

③学习就像赛跑落在后面一样，就是怕被落在后面。

④学习如果不及格，就怕要失去学习的机会了。

2.子曰："贤哉，回也！"（　　）

①孔子说："真悠闲啊，颜回！"

②孔子说："你这不是闲得没事干吗，回去吧。"

③孔子说："颜回，真贤德啊！"

④孔子说："你妻子真贤惠啊，颜回！"

3.见贤思齐焉。（　　）

①见到贤德的人就想到齐国。

②见到贤德的人就认为自己和他一样贤德。

③见到贤德的人就想向他看齐。

④见到贤德的人就想把他变成和自己一样的人。

4.知之为知之，不知为不知，是知也。（　　）

①知道就是知道，不知道就是不知道，这才是明智的。

②知道就是知道，不知道就是不知道，这是一种知识。

③认识他就是认识他；不认识他就是不认识他，不要装，这样做才对。

④你到底知道不知道，只有你自己知道，这才是真相。

5.君子不重则不威。（　　）

①君子体重不够，就不会有威严。

②君子体重不够，就不会吓住人。

③君子不庄重，就没有威严。

④君子不庄重，就不能吓唬人。

6.人焉廋哉？（　　）

①谁会说他太瘦呢？

②有人说他瘦了吗？

③这人怎么能隐蔽得了呢？

④有人说他是个老头吗？

7.是可忍也，孰不可忍也？（　　）

①这件事是可以忍受的，但是其他事情就不可以忍受了吗？

②是这件事情可以忍受呢，还是其他事情可以忍受呢？

③这件事都可以忍心做得出来，还有什么事情不忍心做出来呢？

④这种事情，谁不可以忍受呢？

8.富与贵，是人之所欲也；不以其道得之，不处也。（　　）

①富贵是人们都想得到的，不想个好办法得到，不太好处理。

②富贵是人人盼望的，不想个办法得到它，就是不会处理人际关系。

③富贵人人想要，如果得到它的方法不正当，君子就不会要这样的富贵。

④富贵人人想要，如果不是通过自己的手段得到，别人白给也不要。

三、观点分析（选择最恰当的答案的序号填在题中括号里。）（本题共24分，每小题3分）

1. 子曰："弟子入则孝，出则悌，谨而信，泛爱众而亲仁。行有余力，则以学文。"

这段话反映了孔子（　　）的思想。

①尊崇封建礼教；

②教育以德育为中心，学习知识次之；

③热爱劳苦大众；

④行孝、诚信和仁爱。

2. 子曰："今之孝者，是为能养。至于犬马，皆能有养；不敬，何以别乎？"

这段话反映的思想观点是（　　）

①犬马等这些动物都知道行孝，我们人类更应该如此，否则，连犬马都不如。

②我们应该像喂养犬马那样仔细的供养父母。

③孝敬父母不能只表现在物质给予上，更重要的是给予他们精神上的安慰。

④只有给予父母物质上的极大满足才是真正的孝顺。

3. 子曰："君子无所争。必也射乎！揖让而升，下而饮。其争也君子。"

这段话反映了孔子（　　）的思想

①君子之间无竞争

②君子喜欢射箭

③君子不喜欢竞争，但喜欢饮酒作乐的思想

④强调谦虚礼让，反对无礼而不公正的竞争

4. 子曰："里仁为美。择不处仁，焉得知？"这段话反映了孔子（　　）的思想。

①喜欢漂亮住房

②客观环境会对人的发展产生很大影响

③喜欢和漂亮而德行好的邻居相处

④不喜欢和漂亮邻居相处

5.子贡曰:"我不欲人之加诸我也,吾亦欲无加诸人。"这段话反映了子贡( )的思想。

①不愿意和人交往

②讨厌别人打扰自己

③无欲无求

④自己不想做的事情不强制别人去做

6.子入太庙,每事问。或曰:"孰谓鄹人之子知礼乎?入太庙,每事问。"子闻之,曰:"是礼也。"这则论语反映的观点是( )。

①孔子确实是个不懂礼仪的人

②出于礼貌,孔子装作不懂

③孔子做事细致

④不懂不要紧,要虚心向人请教,这才是真正做学问的人的素质

7.子曰:"父母在,不远游,游必有方。"反映的思想观点是( )。

①孝敬父母最重要的,为了孝敬父母什么事情都可以不干

②要正确处理孝敬父母和建功立业的关系

③为了建功立业,可以把孝敬父母可以放在一边

④孝敬父母和建功立业是相矛盾的

8.曾子曰:"吾日三省吾身:为人谋而不忠乎?与朋友交而不信乎:传不习乎?"反映的思想观点是( )。

①一个真正的君子要经常的反省自己的思想行为是否符合道义

②老师要督促学生经常反省自己的思想行为是否符合道义

③学习知识要经常的复习

④交朋友要诚实守信

四、学以致用（本题共24分）

1.造句（用所给成语写一个完整的句子，字数不限）（6分，每小题3分）

（1）汗马功劳

_____

_____

（2）是可忍，孰不可忍

_____

_____

2.选择恰当的词语填空（把正确答案的序号填在题中括号里）（共9分，每小题3分）

①不耻下问　　②里仁为美　　③梁上君子

④孟母三迁　　⑤平易近人　　⑥君子喻于义，小人喻于利

⑦人而无信，不知其可　　⑧温故知新

（1）"近朱者赤，近墨者黑"，这就是当年（　　　　　　　　）的原因。

（2）任何人都有长处，同时，任何人也都有短处。因此，我们要有（　　　）的精神，放下架子，主动向那些虽然学习成绩不好，但有长处的同学请教某些问题。

（3）小王一走进家门就傻了眼，橱子柜子里的东西洒了一地，一片狼藉。不用问，家里来了（　　　　　　　　）。

3.读下面这则小故事，回答后面的问题（共9分，每小题3分）。

王老抠的故事

马上就过年了，豆腐店的生意好极了，老板王老抠晚饭时对三个学徒说："小子们，马上过年了了，大家辛苦点，晚上11点以前不要睡觉，把三十斤豆子磨完；早上5点前起床，把十斤豆子磨完。"学徒们都在心里叫苦，但谁也不敢说话。

晚上，因为白天忙生意太累了，王老板不到9点就困得睁不开眼了，没有

洗漱就上床睡了。第二天早晨6点，起床铃响了，王老抠很不情愿地打着哈欠从床上爬起来开门做生意。由于没有醒盹儿，一不留神摔了一跤，他正在懊恼，手机短信铃声响了，他拿起手机打开短信，上面写道："王老板您好，我昨天感冒了，可能是因为晚上熬夜磨豆子，早上5点起床干活的时候头疼得厉害，所以今天请假去看医生。"

这时，王老抠的老婆在床上问谁来的短信，他照实说了，她埋怨他道："你自己早睡晚起，却让学徒晚睡早起，把人都逼得生病了，太黑心了！以后自己做不到的事情不要要求别人去做！"王老抠心里顿觉惭愧。从此，再也不让学徒晚上熬夜早上早起了。

（1）以上小故事的思想观点体现在下面哪则论语中（把序号填在括号中）？（3分）（　　　　）

①子曰："学如不及，犹恐失之。"

②子曰："人而不仁，如礼何：人而不仁，如乐何？"

③子贡曰："我不欲人之加诸我也，吾亦欲无加诸人。"子曰"赐也，非尔所及也。"

④子曰："君子不重则不威；学则不固。主忠信。无友不如己者。过则无惮改。"

（2）请把这则论语中体现这个观点的具体句子用下画直线画出来（3分）。

该则论语中体现这种思想观点的句子现在已演变成成语：_____。（3分）

第五章

家校合育改革

——家庭好孩子表

一、缘起

现在的孩子，在家里大多娇生惯养，家长很难对其进行有效的教育和引导。但是，大多数孩子对老师的话言听计从，老师在他们心目中有着远胜于家长的权威。因此，我们以学校和老师的名义对孩子每天在家中如何做人行事做了明确的规定，以表格，即"好孩子表"的形式呈现，让家长监督执行，每周一孩子把表带到学校交给老师。老师根据好孩子表中所反映的孩子在家中一周的表现，来进一步引导和督促孩子在家中养成良好的行为习惯。

其实，家庭好孩子表的创意，来源于我对自己女儿的管教。女儿上幼儿园的时候，有一天在家认真地朗读一首在幼儿园里老师教过的诗歌，其中一个字读错了，我告诉她，这个字读错了，她说："没有错，老师就是这么读的。"我相信老师是不会读错这个简单的字的，只是老师在领读的时候发音不够清晰，以至于女儿没有听清正确的读音，所以按着误听到的错误读音来读。但是，她坚信一点，那就是老师读的没有错误，老师永远是对的。所以，他对于我对这个字读音的纠正不以为然，坚决按着老师的读音来读。这使我既觉得好笑，同时又无可奈何。更重要的是，这让我认识到老师在幼儿园孩子心目中的权威是至高无上的，是家长难以企及的。女儿的小学一至三年级是在我当学区主任的乡镇的中心小学读的。和在幼儿园时一样，对于老师的话女儿言听计从，对于我和妻子对她的教育和要求，她总是要和我们理论一番，经常拿老师当挡箭牌。或者说，老师没有提出这样的要求，或者说老师不是这么说的。他的这种表现激发了我的灵感，你们校长和老师都听我的，你不听我的但是听你们老师的，既然这样，我把我对你的要求转变成你老师的要求，让学校和老师来要求你按我的思路去做，你就得乖乖就范了吧！我知道，对于孩子的教育，光靠学校和家庭中的某一方都是不行的，只有学校和家庭齐心协力，对孩子的教育和要求高度一致，才能达到事半功倍的效果。于是，经过充分调研和广泛征求家长和老师们的意见，我们学校对孩子在家里的一切行为表现做了明确的规定，以表格的形式呈现，要求家长在家监督孩子按学校要求执行。于是，"好孩子表"诞生了。

二、内容解读

我们的家庭好孩子表，对孩子在家里的一切行为表现都以学校的名义提出具体的要求，让孩子在家里的行为表现有规可依，不能随心所欲，杜绝在学校是乖宝宝，到家就变成小赖皮。家庭好孩子表，就好像学校老师跟到了家里，让孩子不敢过于放纵自己。

（一）按时睡觉、起床，保证9—10小时睡眠时间

按时睡觉，按时起床，是每个人都应该养成的重要的生活习惯。充足的睡眠是一个人身体健康的最主要的前提条件，对于正在生长发育的孩子来说尤其如此。因此，我们把良好的睡眠习惯和充足的睡眠时间作为孩子在家里必须遵守的第一个要求提出来。

（二）自己睡一个房间（最起码自己睡一个床）

由于家长的溺爱，社会上出现了许多心智不成熟的"巨婴"，他们从心理到生活都离不开别人的照顾和关心，独立自主能力很差。但是，现实生活中任何人都不可能伴随你照顾你一生，所以，培养孩子独立自主的自我管理能力，对孩子一生的发展是至关重要的。让孩子独立睡一个房间，是培养孩子自立意识和能力的第一步。所以，我们要求有条件的孩子尽量自己睡一个房间，没有条件的，最起码自己睡一张床，不能和父母一直挤在一张床上睡觉。和父母

或者爷爷奶奶或者姥姥姥爷睡一张床，无形中培养了孩子的依赖性和巨婴心理，非常不利于孩子的健康成长。

（三）自己脱、穿衣服

这一条是对低年级孩子说的。孩子的自理意识、习惯和能力是孩子必备的素质，这种素质的培养要从生活中的点滴小事做起。自己的事情自己做是培养孩子自理能力的基本途径，小孩子自己穿衣和脱衣是生活自理的基本要求和培养自理素质的第一步。有些家长嫌小孩子自己穿衣脱衣太慢，干脆由自己代做，这样看是省事，实则耽误事。家长代替做了，孩子的这种自理习惯和能力什么时候培养起来？更重要的是孩子的自理意识什么时候培养起来？所以，我们要求一年级的孩子就要自己穿衣脱衣，家长必须积极配合。实际上，从幼儿园开始，就应该要求孩子自己脱衣穿衣了，一年级已经晚了。

（四）认真吃饭，不挑食

很多孩子有挑食的毛病，家长又管不了。而这种毛病背后隐藏的害处是非常多的。不挑食，注意营养的全面既是孩子身体发育和健康的需要，又是培养孩子珍惜粮食，认识一粥一饭之自不易这个生活基本道理的需要，更是尊重做饭的人的劳动的需要。鉴于此，我们把一天三餐认真吃饭，不挑食，作为孩子在家必须遵守的行为规范。

（五）认真完成作业

认真完成作业是良好学习成绩的基本保证，但是，总有这么一部分孩子不能认真完成作业，所以，他们的学习成绩总也难以保证。我们要求的认真完成作业不仅仅是指把老师布置的作业用心地完成，而且要求做作业时专心做作业，不搞小动作，坐姿和握笔姿势要正确。也就是对做作业的过程做了明确要求，这一点对孩子良好习惯的养成和今后的发展也是很重要很有意义的。首先，专心做作业，不随便搞小动作，可以养成孩子专心学习的习惯，提高孩子的学习效率，这是保证孩子取得良好学习成绩的重要条件。而且，这种学习时专心致志的良好习惯可以延伸到孩子做其它的事情上，有利于孩子养成做什么事情都专心致志的习惯和品行，这对孩子一生的学习和生活都会产生较大的影响。而正确的坐姿和握笔姿势，对孩子身体的发育和健康及良好习惯的培养也是至关重要的，所以，也要严格对待，不能认为可有可无。

（六）自己整理书本书包

这是培养孩子的自理意识、习惯和能力，要求孩子自己的事情自己做的又一个具体的表现和要求。有好多家长抱怨，只要孩子在家，家里就乱得一塌糊涂，前面收拾，孩子后面又给搞乱了。为什么会这样？原因就是孩子没有自己收拾自己的东西的习惯，包括自己的学习用具和书本，用完了从不收拾，上学出门前除了这个找不到就是那个找不到，或者到了学校不是忘了作业就是忘了课本或者文具盒。因此，我们把自己的东西自己收拾，做完作业立刻把书包文具和书本收拾整齐装入书包，作为在家必须执行的行为要求。这种习惯的养成同样对孩子的学习和一生的发展有着重要的意义。

（七）认真读故事书

大量读书，是我们的教育教学改革的一个重要项目，即我们的语文课程改革——语文大阅读课程化要求。我们的孩子每天除了完成各学科作业外，每天必须根据老师的要求，阅读指定的一定量的课外书籍——语文大阅读的指定书目。培养阅读的习惯，也是为了培养孩子有一个终生受益的习惯和一直进步的途径。当然，这对孩子的中考和高考提高语文成绩的好处更是不必多言了。中、高年级每天还要在完成阅读后再完成当天规定格式的读书笔记。阅读会成为孩子的习惯和爱好，而不是负担。

（八）帮助家人做家务

我们要求每个孩子每天都要帮助家人做家务，最好是承包一项家务。现在多数孩子都娇生惯养，饭来张口，衣来伸手，不懂得感恩，认为家长为他做的一切是自然而然理所应当的。我们要让孩子们懂得，每个人都是家庭的一员，每个人都应该为自己的家庭做一份贡献。做家务，为家庭付出，不仅仅是大人应该做的，也是我们这些孩子应该做的。教育孩子对于父母家人的付出要怀有一颗感恩的心。让孩子在每天自己做家务的过程中体会家人的辛苦，感受亲人的爱，领悟自己作为家庭的一员应有的责任和义务。

（九）对爸爸妈妈和其他家人说话有礼貌

讲文明懂礼貌是一个人应该具有的基本的道德素质，这是我们对孩子进行道德教育的起点。而尊重父母、对父母及家人讲礼貌，是每个文明礼貌的人首先应该做到的。也就是，讲文明懂礼貌首先应该从文明礼貌地对待父母等家人做起，试想，一个连自己的父母家人都不尊重的人，会真正去尊重其他人吗？然而，对父母说话粗暴，不尊重家人，这是许多孩子的通病。当然，这是一个社会问题，这与现在好多家长溺爱孩子，对孩子要求不严格有直接关系。但是，作为教育工作者，我们应该想到，教育孩子讲文明懂礼貌，是教育的重要目标，是我们的责任。许多孩子不讲文明不懂礼貌，不仅仅是父母的责任，更是我们教育方向的偏航，是我们教育工作者的失职。我们首先应教育孩子，家人是我们至亲至爱的人，他们给了我们无私的关爱，父母还给了我们生命，养育我们长大，父母是我们这辈子最大的恩人，没有他们就没有我们的生命。所以，我们必须尊重他们。这种尊重必须从日常生活中做起，也就是和父母交流时要有礼貌，不能简单粗暴。

（十）见到熟人主动问好

见到熟人主动问好，这是作为社会人应该做到的最起码的文明礼貌。但是，不可否认，有些孩子甚至有些成年人这种最起码的文明礼貌都没有。我的一个同学说，他的一个朋友，夫妻两人都很文明，见了面都会很热情地打招呼。但是，他们的孩子，已经是三十多岁的成年人，而且是人民教师，从来不主动和人打招呼，而且，别人主动和他说话时，他还趾高气昂爱答不理的。试想，这种人如何去教育别人呢？这种情况既和从小家教不严有很大关系，同时，不得不说，和他从小在学校里没有接受良好的道德教育也有较大关系。因此，我们要家校合力，共同教育孩子。学校提出要求，家长监督执行，教育和引导、督促相结合，争取让每个孩子都成为讲文明懂礼貌的人。

（十一）饭前便后洗手

这是保证身体健康最基本的卫生要求，同时也是一种良好的生活习惯，按说每个人都应该做到。但是，我们是农村学校，不可否认，很多农村家庭对孩子的卫生要求，甚至家长对自己的卫生要求都是较低的。养成饭前便后洗手的习惯，也不是件很容易的事情。因此，为了孩子的身体健康，为了孩子能养成基本的卫生习惯，我们把这条也作为孩子们每天必须要认真做好的事情之一。

（十二）自己洗袜子、手绢和内衣，中、高年级自己洗外衣

这一要求，又是培养孩子的自理意识、习惯和能力的一种要求和举措。现在的孩子同样是由于家长的溺爱，好多人的自理意识和能力很差，自己的衣服从来不洗，以至于好多孩子上了大学都不会洗自己的衣服。这种基本的自理能力都没有的大学生，以后能够成为社会需要的人才吗？更重要的是，没有基本的自理意识，理所当然地去接受别人的照顾的思想，是很可怕的。自理意识、习惯和能力必须从小培养。

（十三）睡觉前刷牙、洗脸、洗脚

这一要求也是为了培养孩子从小养成良好的生活和卫生习惯，为幸福生活打下基础。睡前刷牙、洗脸、洗脚，对于农村孩子甚至好多农村成年来说，都不是一件很容易的事情。所以，我们要从小培养，把农村孩子培养成有良好的卫生习惯的文明人。

（十四）周一至周五不能看电视、玩电脑和手机

现在，电视、电脑和手机，尤其是电脑和手机，已经成为影响孩子的学习成绩和身心健康的大敌。我们要求孩子们在家里周一至周五不能看电视、玩电脑和手机。过去，家长也这么要求孩子，但是，很少有家长能够管得了。现在，学校和老师以家庭好孩子表的形式来要求孩子这样做，家长有了"尚方宝剑"，可以理直气壮地制约孩子了。

（十五）对洗澡次数做出规定

个人卫生习惯实际上是一个非常重要的事情，其直接影响到一个人的身体健康和生活质量，同时也影响到公共场合人们的工作、学习环境和空间质量。比如，夏天有的教室里学生坐满时，常常有一股汗臭味，这就是因为这个班的一些学生不注意个人卫生，没有做到勤洗澡常换衣服造成的。这种情况农村学校居多。因此，还是为了养成孩子们良好的卫生习惯，基于农村的实际

情况，我们对于洗澡和洗头的次数，根据季节不同作出具体要求——秋、冬、春三季每周至少洗澡洗头一次，夏天每天洗澡。家长监督执行。这一要求，全面提高了我们农村孩子的卫生状况。

有人可能会说，家庭好孩子表限制了孩子的自由和天性。诚然，家庭好孩子表确实对孩子在家里的行为表现做出了约束，但这种约束并没有限制孩子的自由和天性，表上的规定是一个好孩子在家里完全应该做到的基本要求，是为孩子当前的快乐生活和顺利的学习铺路搭桥的，而且对孩子终生发展起到了奠基的作用。孩子享有的自由和天性是相对的，作为一个社会人应该具有的自律是必须的，这也是人与动物的区别之一。

三、目标

家校联合，让学校老师走入孩子家中，帮助和督促孩子在家庭中和社会上养成良好的行为习惯和品行，提高孩子的综合素质，为孩子一生的发展打下坚实的基础。

四、实施过程

（一）制定家庭好孩子表

学校通过认真研究，并广泛征求广大教师和家长的意见，再根据孩子的年龄特点等具体情况确定各学段好孩子表的内容和标准，即对一个好孩子在家庭中应该如何做人行事，做出明确的规定和要求，以表格的形式呈现，让家长据此表帮助和督促孩子按要求做好表中规定事情。把该表命名为家庭好孩子表。

（二）召开专题家长会和学生会

召开专题家长会和学生会两个会议，分别向家长和学生讲清执行家庭好孩子表的意义。要让家长和孩子都理解并支持开展这项工作，这是家庭好孩子表能够实施并达到预期效果的关键。要让家长明白，家庭好孩子表是帮助家长管理孩子的，有了家庭好孩子表就好比教师跟到了家，让孩子在家里能和在学校一样自律，让家长省心省力。要让孩子们明白，在家里应该和在学校一样，行为表现也要按基本要求去做，只有这样，才能做一个身心健康，品行优良，学习习惯良好的老师喜欢家长满意的好孩子。同时，这样的孩子才能真正的幸福和快乐，将来走上社会才能做一个适应社会并有益于社会，同时也有益于自己的发展的人。

我们要求家长配合学校督促孩子按好孩子表上的规定和要求去做，并实事求是地填写好表格；要求孩子按好孩子表的规定和要求去做，并接受和服从家长的督促。尽量做到家长和孩子都能在正确认识表的意义的基础上自觉自愿地去执行表上的规定。绝不可以硬性要求，粗暴执行，这样无法获得家长和学生的理解和支持，最后只能流于形式，不了了之。

（三）家庭监督

一周七天，在家里家长督促和帮助孩子按表上的要求去做。每天晚上家长根据孩子一天的表现，把表上规定的项目和具体要求用规定符号填好，或者在家长监督下让孩子自己实事求是地填好此表，周日晚上家长写好表下面的本周表现，周一孩子把上周由家长填好的表带回学校交给班主任老师，再把新表带回家交给家长。

（四）学校督促

孩子每周一把上周的好孩子表交给班主任后，班主任认真分析和研究好孩子表，然后采取一系列措施，巩固好孩子表的效果，让做得好的孩子坚持做下去，养成良好的习惯，进而内化为自己的优秀品质。让做得不够好的孩子慢慢做得越来越好，不断地提升自己。最终，全面提升孩子的综合素质。具体措施如下。

1.评选好孩子

根据好孩子表上反馈的情况，各班评选出大约班级学生数三分之一的"上周好孩子"，报到学校少先队大队部，每天两次在校园广播的"表扬上周好孩子"栏目上表扬这些好孩子。各班教室的墙上还开辟有好孩子宣传专栏，这些被评出来的好孩子的名字都被写在专栏里，一周一换。每月一次评选当月家庭好孩子，不但要在学校里通过校园广播和班级专栏进行表扬，而且还要在学校的升旗仪式上表扬并颁发"家庭好孩子"奖状。通过这三种表扬方式，把孩子们争当好孩子的热情持续地保持下去。那些没有评上的孩子也会因羡慕受到表扬的好孩子而激发出争当好孩子的热情。

2.按存在问题类型把"问题孩子"分类

把存在问题的孩子按存在问题的类型分成几类，并认真分析查找各类孩子存在此类问题的原因，通过和家长沟通制定出切实可行的帮助孩子改进的措施。

3.召开专题班会，指出各类孩子存在的问题，引导其下周改正

每周召开一次家庭好孩子专题班会，先表扬上周家庭好孩子，再分类指出有些孩子存在的问题，并作进一步要求和引导。注意，对于低年级小朋友，可以直接分类点名，指出他们存在的问题，即做得不到位的地方。但是，对于中高年级的孩子，要根据具体情况决定是否直接点名批评，一般情况下只指出存在几类问题，让孩子对号入座，不直接点名批评，以免伤害孩子的自尊心。

4.对问题较突出，且屡教不改的学生单独谈话引导

对于问题突出，屡教不改，长期做得不好的孩子，班主任老师要单独约谈，让孩子敞开心扉吐露心声，讲明道理和厉害，帮助和引导孩子按要求去做，争做家庭好孩子。尽量不要出现在课堂上当众批评某一位同学的情况。

5.召开家庭好孩子表执行情况专题家长会

每月召开一次"家庭好孩子"表执行情况专题家长会议，与家长沟通本月孩子在家里的表现。对于做得不好的孩子，和家长一起查找孩子表现不好的原因，给家长出谋划策。对表现好的孩子的家长进行表扬和鼓励，并让他们作经验介绍。就某一个主题，对家长进行家庭教育培训，帮助家长提高家庭教育水平，让家校合育落到实处，使家庭好孩子表切实成为家长教育孩子的好帮手，孩子健康成长的扶正器和牵引棒、引路牌。

五、考核评价

各班好孩子表的执行情况，考核到班主任教师本人，计入班主任学期工作业绩考核。好孩子家庭表现记录表的实施情况还作为品德课的一部分计入品德考核成绩，占品德课成绩的50%的权重。

附件：家庭好孩子表

好孩子家庭表现记录表　小学一年级

姓名：　　学校班级：寨头堡

时间：2016年　月　日至　月　日

	按时睡觉、起床，保证每天10到9小时睡眠	自己睡一间屋（最起码自己睡一个床）	脱和穿衣服（自己）	认真吃饭、不挑食			认真完成作业			认真读故事书（填页数）	帮助家人做家务（填家务名称）	对爸爸妈妈等家人说话有礼貌	来客人或者出去做客及在外面碰到熟人主动问好	饭前便后洗手	自己洗袜子和手绢	睡前刷牙、洗脚、洗脸	周一到周五全天和周日晚上不看电视、不玩电脑	每周至少洗澡洗头一次	家长签字
				早饭	中饭	晚饭	自己整理书本书包	坐姿和握笔姿势正确	做作业时不做小动作										
周一																			
周二																			
周三																			
周四																			
周五																			
周六																			
周日																			
本周总体表现																			

填写说明：1、按要求做了打对号"√"，没按要求做了打错号"×"；2、"认真读故事书"一栏，如果读了就填页数，没读就打错号"×"；3、"帮助家人做家务"一栏，如果做了填家务名称，没做"×"；4、本表填写可以由家长完成，也可以在家长监督下孩子自己完成；5、家长必须本着对孩子负责的态度，实事求是的填写该表，弄虚作假表只能自欺欺人，并给孩子造成坏的影响。

---• 第六章 •---

教师专业成长改革

历史的经验告诉我们，无论哪方面的改革，最难的是改变人的思想，思想认识不到位，其他任何措施都不会使改革顺利进行，从而改革也不可能彻底，很难达到预期目的。随着我们的教育教学改革的展开，逐步暴露出了由于思想认识不到位而使我们的教育教学改革不能按计划顺利进行的情况，这使我下定决心采取有力措施来解决大家的思想认识问题。同时，随着改革的逐步深入，我还发现老师们的教育教学专业素养也亟待提升。为此，我两手同时抓，改变思想提高认识与提升专业素养同时进行，逐步尝试进行了教师专业成长改革。从我自己成长的经验可知，一个人只有不断地学习才能不断地成长和提高，而学习的途径有多种，比如向书本学习、向优秀者学、经常性反思自己的工作，把自己的思考和经验上升为自己的成果——课题研究等。

一、周末茶座——教师读书交流

改革最难的是改变人的思想，改变人的思想有多种途径，但最省时有效的方式是读书。读书可以迅速且大量接受信息，使自己的知识储备迅速增加，思想观念快速改变。多年来，我一直带领教育干部和课改团队的教师进行读书学习。每学期共读两本教育专著。周末和寒暑假进行"周末茶座"和"寒（暑）假茶座"读书交流。老师们读的每一本书，都是我提前读过后精选出来的。老师们从开始被动应付地读到后来主动享受地读，经历了一个引领认知的过程。现在，周末茶座已经成为寨头堡学区和杨安镇学区教师专业成长的一个品牌。

（一）目的

转变教师传统的与现实教育教学不适应的落后教育观念，引导教师接受素质教育理念，从而自觉地把自己的教育教学工作指向素质教育；树立正确的人生观和职业价值观，激发投身教育事业的热情，树立做优秀教师甚至专家型教师的信心和决心；学习教育教学专业知识，增强教育教学专业素养，为做优秀甚至专家型的教师垫定深厚的知识和理论基础。

（二）时间安排

1.工作日

平常时间，每周规定阅读进度，大约每两个月阅读一本书。基本要求是原则上每天利用课余主要是晚上时间阅读，一般情况是每天不少于5页。并且每天阅读任务完成后都要写出当天阅读内容的心得体会，这种心得体会必须与自己的教育教学工作或者日常生活相结合，不可无病呻吟更不能空发议论。也就是，必须做到学以致用，绝不可以为读书而读书，把读书仅作为一种谈资或者把所读内容作为空洞的知识装在肚子里。每天的体会可长可短，没有字数限制，只要有感而发即可。今天有特殊情况没有完成阅读任务的，第二天一定补上。

2.寒暑假

寒暑假阅读进度要比工作日快一倍，暑假阅读两本书，寒假阅读一本书。阅读统一规定的教育及相关书籍，是我们寒暑假教师专业培训的主要方式之一。

（三）保障措施

1.有效交流

（1）交流形式

为了提升读书的有效性，每读一本书我们都进行多次交流，一般是周六进行读书交流。每周五每位老师都要整理好周末的读书交流内容或者提纲，做好交流的充分准备。读书是一件惬意的事情，交流读书心得同样也应该是一件愉快的事情。为了给老师们营造一个温馨的交流读书心得的氛围，读书交流时，每位老师一杯茶，一本书，围坐一起，就像喝茶闲聊一样，畅所欲言。我们把这种交流叫作"周末茶座"。

（2）发言方式

①脱稿发言

为了使我们的读书活动不流于形式，收到最大效果，我们要求每位老师的交流都必须脱稿进行，这样迫使每位读书者都用心去读，把自己觉得有用的东西真正内化到心中，从而变为指导自己教育教学的自己的东西。

②结合工作实际谈体会

就像前面所说，老师们在写每天的读书心得时必须结合工作实际。同样，在读书交流发言时，大家也必须结合自己的工作实际谈体会，把所学立即用于指导自己的行动，突出学以致用。

2.理论提升

每次读书交流后，读书感悟要写成文字，一要挂在自己的教育博客上，且要上交学校，结集存档。我们每位老师都有自己的教育博客，通过写教育博客，老师们的文字水平和理论水平都有了长足的进步。好多老师把自己教育博客上的文章整理以后在全国各种期刊报纸上发表。大家通过读书和写作教育博客不但提升了自己的专业素养，修正了自己的价值观和人生观，也为自己今后的专业发展，比如职称晋升、教学能手和名师评选等奠定了基础，提供了条件。

（四）阅读内容

给老师们选择什么书籍来读，是非常重要的事情。因为这既牵涉到对老师们做怎么样的思想和理论引领的问题，又牵涉到老师们是否有兴趣真正用心去读的问题，更牵涉到老师们读书收获多少的问题。我们根据我们学校进行教育教学改革的需要和老师们现有的教育理念和理论的实际水平来确定读书内容，同时，还要考虑尽量选择老师们乐于接受的相关内容呈现形式的书籍，尽量避免让老师读纯理论化的过于枯燥无味的书籍，以提高老师们阅读的兴趣，从而提高阅读效率。老师的教育教学任务都很繁重，能挤出时间来读书已经很不容易，所以，我们必须把效率问题放在第一位来考虑，不能为读书而读书，不能让老师们百忙之中挤出时间读书却没有实际价值和意义。我们尽量向事半功倍靠拢，避免事倍功半的情况发生。

1.教育理论书籍

教育理论书籍是教师专业成长必须要读的，但是给老师选择什么样的教育理论书籍来读是至关重要的。我们首先给老师们选定的是经典的教育理论书籍——苏霍姆林斯基的《给老师们的100条建议》。一是这本书寓教育理论于生动的案例中，读起来不枯燥，比较易于理解和接受；二是这些来自教学实践的理论成果，可以直接应用于老师们的教学实践，易于做到学以致用。我们给老师选定的第二本书是袁梦主编的《专家型教师的成长之路》。我们正在打造课改团队，目标是打造一批优秀教师和课改带头人，最终让他们成长为有志于教育改革的专家型教师。那么，一位平凡普通的一线教师，如何才能成长为一位专家型教师呢？这本书给我们指明了方向，提供了具体可行的方法和步骤，对我们提升课改团队教师的专业素养提供了直接而有效的帮助。再往后，我们又根据我们课改的需要分学科给老师们确定了一些教育理论书籍。比如，根据我们在数学学科率先进行的"问题引领，四步自学"课堂学习模式的课堂教学改革的需要，给数学老师选定了邱学华的《尝试教学法》等书籍，根据我们正在进行的语文大阅读课程化改革的需要，给语文老师选定了《踏上阅读的快车道》等书籍。

2.专家、名师的教育经验介绍

教师的职业是清贫的，当一辈子教师难免生出许多职业倦怠。但是，我们每一天或者说一辈子大部分时间都在自己的工作岗位上，如果我们不热爱自己的工作，每天或者说经常处于应付工作的状态，或者说觉得每天上班是一种煎熬，那么，我们的人生是多么灰暗啊！所以，让老师们热爱教育工作，让老师们把教育工作当作实现自己人生价值的过程而不仅仅是谋生的手段，那么，老师们的人生就会充满激情和亮色，他们就会觉得自己每天活得充实而有意义。为此，我们首选了李镇西老师的《爱心与教育》来作为名家教育经验介绍类书籍推送给老师们阅读。无论做什么，热爱是做好这件事情的首要条件。李镇西老师的这本书，用朴素而感人的语言讲述了自己因为热爱教育、热爱学生而用自己一颗充满挚爱的心灵去感动去教育学生的一桩桩一件件，读来使人无不动容的同时，也使自己坚定地爱上了教育，坚定得像李老师那样用一颗挚爱的心去教育学生。我们选定的第二本书是陶继新老师的《做幸福的教师》，这本书从读书与教师生命成长、写作的道与术和打点幸福人生三个方面告诉我们如何做一个幸福的教师，如何让自己的教育教学生涯充满快乐。

有些老师非常想干好自己的工作，但是工作成绩总是平平，不知如何提高。一些名师的经验之谈为想干好却不知如何下手的老师们提供了成功的经验。因此，我们选定了像《高校教学的道与术》《回到教育的原点》《蓝继红与诗意教育》《孙双金与情智教育》《陶继新论道名师》《即墨二十八中解码》等几十本这样的书籍来引导老师们阅读，启发和指导教师们具体的教学工作。

3.指导工作与生活的书籍

我们还引领老师们阅读大量的工作和生活指导方面的书籍，用以唤起老师们热爱本职工作和珍惜当下生活的热情，激发工作干劲，注重工作方式方法等，以提高工作效率和生活质量，从而不但要做优秀的教育工作者，还要做生活的强者和赢家，提高自己的人生价值，不负韶华，积极地享受人生和享受积极的人生。

我们引导老师们阅读了《细节决定成败》，让老师们真正明白了，成功者不是从干轰轰烈烈的大事开始的，成功是由一件件小事和一个个细节积累起来的，是一个从量变到质变的过程。所以，在工作中要注重每一个细节和每一件小事，集腋成裘积少成多，要明白"不扫一屋何以扫天下"的道理。作为教师，要想干好教育事业，成为名师或者专家型教师，必须从上好每一堂课，做好每堂课的教学反思，干好每一天的工作，管好每一个学生开始。

我们引导老师们阅读了陈亮的《专心做到最好》，让老师们体会到"世上无难事只怕有心人"的道理，让大家明白，无论什么事情，只要我们坚持不懈专心致志地去做，就一定能做好，从而成为某一方面的能手甚至专家。激发大家争做优秀教师、专家型教师的决心和信心，激发大家为自己设定各级特级教师和名师的奋斗目标，并义无反顾地为之奋斗，相信目标一定会实现，相信"只要功夫深，铁杵磨成针"。

我们还引领教师们阅读俞敏洪的《愿你的青春不负梦想》，激励大家人生在世一定要有梦想有目标，绝不可碌碌无为虚度光阴，绝不可让自己白白在这个世界上走一遭。激励老师们热爱教育工作，激发老师们把做好教育工作成为一个优秀的教育人当作实现自己人生价值的目标和手段的热情和干劲，从而把毕生精力投入到教育事业中去。

4.有关国外教育书籍

教育是发展的，而且中国几千年的科举考试和至今我们仍然难以跨越的应试教育的藩篱，使我们对教育初心的认知一度甚至一直迷茫难辨，不知所以。因此，我们在冷静审视和思考我们自己的教育的同时，还应该放眼世界，去了解发达国家的教育现状，这有利于我们回过头来反观我们教育的成败得失，明确我们的教育目标是什么，和我们应该如何去做。为此，我引导老师们阅读一些有关国外教育的书籍。

赵楠的《德国教育的美丽与哀愁》让我们的老师们目瞪口呆，原来教育也可以这么搞——小学毕业就分流，不允许家长辅导孩子作业，让孩子通过在不安全的环境中锻炼来提高安全意识。

黄全愈的《美式校园——素质教育在美国》告诉我们的老师，在美国的学校里素质教育是怎么搞的。

而沈宁的"我在美国三十年"系列作品——《培育自由——美国教育观察日记》《从华盛顿到华尔街——美国社会观察日记》和《日常美国——旅美生活笔记》，让我们的老师从不同角度透视美国教育的本质和特点。

陈之华的《芬兰教育全球第一的秘密》让我们的老师了解到世界上还有这样的教育——"学校与学校，不会去做无谓的竞争、排名，学生与学生，老师与老师，更不会做原本起跑点就不公平的比较；所有的评估和考试，都是为了让学生知道从哪里去自我改进，提供日后成长的基础和学习能力的空间，从来就不是要去挫伤学生与老师的士气，和成为讥评他人落后、不长进的工具"。

于洪波的《日本教育的文化透视》使老师们认识到，"日本的文化史，似乎就是一部赶超史。近代以前主要是赶超中国，近代以后主要是赶超西方诸发达国家。伴随着赶超的，是它对周边国家的政治、经济、文化和军事的殖民扩张和侵略"。

王学风的《新加坡基础教育》使老师们领略到了一个微型超级国家的基础教育改革是如何助力国家发展的。而肖宪的《世界上最成功的教育——犹太教育启示录》告诉老师们，犹太人之所以成为世界上最聪明的民族，是因为他们终生不辍的读书和学习，并且很注重把学得的知识转化为工作和生活的能力。

5.专供校长阅读的书籍

校长是不同于一般教师的，他们是学校的管理者，主要职责是引领学校的发展。他们的工作站位和工作内容都不同于一般教师，他们需要学习的东西和需要提高的专业素质也有别于一般教师。校长是一所学校的灵魂人物，"一个好校长就是一所好学校"。这句话一点都不夸张。可以说，校长的境界、高度和水平，决定了他所领导的学校的发展方向与前途。因此，对于校长的引领是至关重要的。所以，我们专门为各学区小学的校长选定适合他们阅读的校长专业成长和学校管理方面的书籍来阅读。比如，宋洪昌的《名校长对教育的再思考》、李志刚的《发现校长的智慧》、陶继新的《校长的谋略和品质》及《做一个卓越的校长》等书籍。不过，我们学区的各小学校长不同于一般学校的校长，他们都担任主科教学，他们都是本学科课改的骨干力量，也就是说，他们既是学校的管理者，同时又是课程改革的带头人。我给我们各小学校长的定位是既要做教学的专家又要做管理的行家，说白了，就是我们的校长既要成为名校长，同时又要成为名师。这样，他们阅读的书籍要比一般教师要多一倍——既要读校长要读的书，又要读教师要读的书。

二、导师制青年教师成长计划

（一）缘起

一个人无论他天资多么聪明，要想在某一领域成为行家里手就必须通晓这一行的专业技能，再加之自己的踏实实践并不断反思和改进自己的做法。

教师这一行也不例外。刚刚参加工作的年轻教师大部分工作干劲十足，但是往往成绩平平，原因就是经验不足。他们有干劲但是不知道怎么干，通过几年的听课教研等专业成长方式，他们就会慢慢成为合格甚至优秀教师或者单位的骨干教师。农村学校不但师资匮乏，而且师资老化严重，急需年轻的优秀教师迅速补充到我们的教师队伍中来，我们等不得了。所以，我觉得几年的工夫有些太长，我们需要通过人为助力缩短他们"成才"的时间，让他们尽快成为学校的骨干力量。

有一年，一个学校的毕业班的成绩一直在全镇垫底，且与其他班级的成绩差距悬殊，这个班的成绩已经严重拖了全镇毕业年级的后腿。而教育局主要以毕业年级的教学成绩来考核我们全镇的教学成绩，眼看我们的教学成绩就要葬送在这个班。情急之中，我们想通过替换教师的方式来迅速提升这个班的成绩。这所学校没有合适的人选来接替毕业班现有的语文教师，通过再三权衡，我们破釜沉舟，选了一名刚刚参加工作几个月的年轻教师来上这个班的语文课，为了迅速提高这名年轻教师的教学水平，我们专门从其他学校选了一名教学经验丰富教学成绩一直很好的毕业年级骨干教师作为导师专门辅导她。具体做法，一是该年轻教师每周拿出一天的时间来全天候向该骨干教师跟岗学习，从备课、批阅作业到课堂教学和学生管理，面对面向导师学习；二是每周导师拿出半天时间去年轻教师所在学校，通过深入班级听课、查看作业批改情况和备课等形式，现场手把手指导年轻教师的教学。功夫不负有心人，通过这种导师制师带徒方式，一个月以后的月考这个班的语文成绩就从倒第一提升到倒数第三，提高了两个位次。到毕业会考时，这个班的语文成绩提升到全镇中上游水平，在全镇十个班中考了第四名。

通过这件事，我们总结出了一种新的促进青年教师快速成长的方法，那就是"导师制青年教师成长计划"，对每一位刚刚参加工作的青年教师进行为期半年的一对一培养，效果非常好。

（二）目标与意义

为迅速提高新聘青年教师和支教青年教师教育教学水平，充分发挥教育教学水平较高的骨干教师的培优作用，经学区研究决定实施导师制青年教师培养计划。

该计划的具体做法为，每一名刚刚参加工作的新聘教师包括支教的青年教师（高校未毕业前来学校以支教的名义实习的大学生）都由一名优秀骨干教师做导师，用半年的时间来进行一对一面对面指导，助力其专业成长，使其在短时间内迅速提高教育教学水平，适应本岗位教育教学工作，进而尽快成长为合格甚至优秀的学科教师。导师指导青年教师时间最少一学期，可视情况延长至一学年。

（三）实施过程

1. 跟岗学习

该计划实施期间，作为学生的青年教师每周固定一天时间到导师所在学校全天候跟岗学习。导师走到哪里，学生跟到哪里。通过观摩导师一天的教育教学活动，一对一面对面地学习导师的课堂教学、学生管理、备课、作业批改等所有有关教育教学的做法、技巧和艺术。一天跟岗学习结束，师徒二人要进行不低于30分钟的座谈交流，徒弟谈自己一天的收获，并向导师提出自己的疑问和要求，导师予以解答和指导。

2. 现场指导

导师定期到徒弟所在学校，通过听徒弟的课和检查他的教学常规执行情况，对徒弟的课堂教学、学生管理、作业批改、备课教研、单元测试等所有教育教学行为进行面对面指导。计划实施第一个月，导师每周至少对徒弟随堂听课指导一次（半天）。第二、三、四个月导师至少每两周对徒弟随堂听课指导一次（半天）。

（四）考核评价

1. 各小学要根据被指导青年教师的成长情况，在本校的考核中给予导师相应的考核加分和奖金等奖励。

2. 学区通过到学校现场督查和网上巡课系统，对各小学针对该计划的落实情况进行督查和评估考核，考核结果计入学区对各学校的考核成绩。

三、网络学习

互联网的产生给世界带来了天翻地覆的变化，给我们的生活、工作和学习带来很大的方便。网络学习已经成为学习的一种新常态。我们学校是乐陵市农村学校最早让老师们用上电脑并且上网的学校。

一次偶然的机会，邂逅中国教师教育视频网的李辉老师以后，我们学校就注册为该网站的会员。该网站上大量的全国教育名家的讲座为我们的教师的专业成长提供了丰富的资源。多年来，我们坚持两周一次组织教师通过《教师教育视频网》聆听专家讲座，专家们先进的教育理论和教育教学改革的经验洗涤了老师们的头脑，转变了老师们原来陈旧的教育观念，提升了老师们的专业素养，为我们下一步进行一系列教育教学改革打下了一定的思想基础。这个基础是很重要的，教师们的思想意识的转变是教育教学改革的第一步，没有这一步，以后的改革是非常艰难的。这就是人们通常说的，改革最难的是改变人们的思想。没有思想的转变，再热闹的改革终究会流于形式或者半途而废，因为没有坚定的思想认识支撑的行动都是不能长期坚持下去的。

也是一个偶然的机会，我知道了有个听课网，上面全国各地名师和全国、省、市等各地各级讲课比赛的课堂实录都有。听高水平的教师的课是提高教师课堂教学水平的最直接有效的途径，因此，我们与听专家讲座岔开，每两周一次组织老师们观摩《听课网》上的名师课堂教学实录。当然，观摩以后的评课是不可缺少的环节。这一做法潜移默化的影响着老师们的课堂，他们的教学方式方法悄然发生着变化。

四、每周听评课

如果说名师的课堂教学让有些老师觉得距离自己太远，那么，身边教师的课堂教学可能更容易接受。因此，我们学区各小学每周都进行一次各学科内的听评课，所有老师轮流上课，多年来雷打不动。每位老师必须上新课，不能上上过的旧课。同学科老师们之间相互听课，相互学习，取长补短。通常是听课一节，评课一节，评课时不允许说官话套话，既要评出优点，更要挖掘出不足，还要说出从这节课自己学到了什么。听评课，如果拿着不当事，走形式，只能劳民伤财，白耽误工夫；但是，如果认真对待，确实是提高上课教师和听课教师课堂教学水平的有效的手段。就像俗话说的，经是好经，就怕念歪了，只要不念歪了就一定有好的效果。

五、写作教育博客

为了加强教师教育教学反思，总结学习收获，提高理论水平。我们引领中青年教师每周写作一篇教育博客，每学期评选优秀教育博客，并把博客的写作情况纳入教师考核。教育博客的主要内容是每天规定阅读的教育书籍的感悟和每天的教育教学反思，也可以是日常生活的感悟，因为生活感悟同样也是我们教育孩子所需要的。我们老师的博客都和学区网站链接在一起，也就是说，从我们学区网站可以直接看到每位教师的教育博客。我们寨头堡学区是乐陵农村学校早建立官网的。

六、走出去学习

改变思想观念和提高教育教学水平最直接的方式就是去看看别人怎么做的。为此，我经常带领校长和骨干教师走出去学习，全国各地的教育改革名校我们都转了个遍，各种涉及教育改革的专家讲座和课堂教学展示我们也经常到场学习。走出去学习，开阔了大家的眼界，对转变教师的教育教学观念也起到了很大作用，我们的校长和教师也逐步认识到教育教学改革的必要性，坚定了搞好教育教学改革的决心。

学习所得及时交流。每次外出学习，每天学习结束的当天晚上，我们就趁热打铁把当天所学交流研讨完毕，不留到第二天。交流时，每位教师就每位专家的讲座或者名师的课堂教学作三方面的发言。第一，该专家讲座的内容哪些地方值得我们去思考或者名师的课优点是什么；第二，对该专家的讲座内容或者名师的课哪些地方有自己看法；第三，从专家的讲座或者名师的课上我们学到哪些可以应用于我们的教育教学中的东西。

每次外出学习归来，每位参与学习的教师都要在本校就学习的内容给全体老师作一次讲座，上一节示范课，再写一篇体会。让学习效果最大化，让没有外出学习的教师也基本上可以学到相关知识。

七、课题引领增加教育改革附加值

说实话，我一开始带领老师们搞教育改革，就是出于一个有良知和责任感的教育工作者的本能，就是出于为国家和民族的未来考虑而去推行素质教育，就是为了追求教育真理，而踏踏实实地去做自己认准的真正的教育，从未想过搞什么课题。是教育局教研室的吴健主任提醒了我，他说，你既然在踏踏实实地搞教育改革，为什么不把你搞的改革项目申报成课题呢？好多人为了报课题而做一些应付性研究甚至虚假的改革，你搞的改革就是真实踏实的课题研究啊，如果申报了课题，可以为你自己和老师们争得一份官方的认可，获得一张有分量的证书，同时，也可以在课题申报和研究过程中规范你们的教育改革，这是一举两得的事啊。

于是，我接受了吴健主任的建议，把我们的课堂教学改革——"问题引领，四步自学"课堂学习模式申报了德州市课题，没想到，被德州市教育科学规划办立项为德州市"十二五"规划重点课题，并推荐申报了山东省课题，但是，当年省里有规定，没有完成过市级课题，再好的课题也不能立项为省级课题，可能是这个缘故吧，该课题没有在省里立项。更没想到，就是无意中申报的这项课题，结题后为我们带来了好几个非常难得的市级奖项——德州市重点课题结题证书、德州市优秀课题、德州市教科研成果一等奖、德州市教科研先进个人（3人获得）等奖项。这是我们万万没有想到的，细细想来，真是功夫不负有心人，上天是公平的，耕耘就有收获，即便你不问收获。

"问题引领，四步自学"学习模式这一课题结题后，我们有了德州市级课题的经历，就有了成功申报省级课题的资格。于是，我就抱着试试看的想法，把我们正在搞的语文课程改革项目——语文大阅读课程化申报了山东省教育科学规划课题，没想到一路过关斩将，通过了县、市、省的三级评审选拔，最后真的被立项为山东省"十三五"教育科学规划课题。要知道，这可是我们乐陵市农村学校多年来唯一一项省级教育科学课题立项啊！该课题作为省级规划课题的成功立项，使我们的课改团队信心倍增。

附录1

基础教育改革

山东省乐陵市杨安镇学区　王志勇

一、概述

自改革开放以来，我国基础教育改革的脚步就从未停止，方兴未艾。党中央和教育部曾多次出台教育改革的文件。为贯彻《中共中央国务院关于深化教育改革全面推进素质教育的决定》(中发[1999]9号)和《国务院关于基础教育改革与发展的决定》(国发[2001]21号)，教育部决定，大力推进基础教育课程改革，调整和改革基础教育的课程体系、结构、内容，构建符合素质教育要求的新的基础教育课程体系。新的课程体系涵盖幼儿教育、义务教育和普通高中教育。此后，全国各地涌现出许多教育改革的名校，江苏洋思中学的"先学后教，当堂达标"，上海静教院附中的后"茶馆式"教学，杜郎口的"三三六"教学模式，即墨二十八中的"和谐互助"课堂，山东乐陵寨头堡学区的"问题引领，四步自学"学习模式等等。

这些改革触动了中小学教师的传统教育观念，使许多基础教育工作者开始重新思考教育的问题，对传统的填鸭式课堂教学方式产生了一定的冲击。但是，这些改革最终没有使我们的基础教育发生根本性改变，原因是教育评价方式和标准没有发生根本性改变，即应试教育的评价方式和标准没有改变，因此，近三十年的基础教育改革没有取得根本性胜利，没有把应试教育转变到素质教育的轨道上来。

二、基础教育改革的切入点

基础教育改革的切入点主要有三个方面——教育评价，教学过程，课程设置。

（一）教育评价

教育评价是指在一定教育价值观的指导下，依据确立的教育目标，通过使用一定的技术和方法，对所实施的各种教育活动、教育过程和教育结果进行科学判定的过程。教育评价实际上是一种教育导向，以什么标准来评价教育，教育就会围绕什么标准去做，即以该标准作为教育目标，一切教育行为都为达到这个目标而设计和实施。也就是说，正确的教育评价是完全指向既定的教育目标的，否则，就会误导教育，使教育偏离甚至背离教育目标，出现南辕北辙的现象。因此，当教育评价不能指向既定的教育目标时，就必须进行改革，否则，教育就会离既定目标愈来愈远。教育事业就会劳民伤财，事倍功半。

由于教育评价具有教育导向的作用，因此，它应该放在教育改革的首要位置。多年的教育改革经历告诉我们，我们的教育改革往往忽视教育评价的改革，或者重视程度远远不够。这往往又使我们的教育改革舍本逐末。

（二）教学过程

教学过程是指师生在共同实现教学任务中的活动状态变换及其时间流程。由相互依存的教和学两方面构成。教学过程是围绕教育目标进行的一系列教育教学活动过程。事实上，教学过程往往不是围绕教育目标展开，而是围绕教育评价标准展开，应试教育就是体现这种现象的典型。当教学过程的实施不利于实现既定教育目标，或者说偏离了教育目标时，我们必须对教学过程的某些环节进行改革，使整个教育过程最大限度地为教育目标服务。

（三）课程设置

课程设置是指学校选定的各种课程的设立和安排。以往，人们把"课程设置"仅仅理解为学科课程的开设，这是不够全面的。目前，在我国中小学课程计划中，设置了学科类课程和综合实践类课程两种课程类型。课程设置主要规定课程类型和课程门类的设立，以及其在各年级的安排顺序和学时分配，并简要规定各类各科课程的学习目标、学习内容和学习要求。

课程也是围绕教育目标设置的，为实现既定教育目标服务的。如果课程设置不足以满足教育目标的需求，就要对课程设置进行改革，或者增加课程设置，或者精简课程，或者改变某些课程的内容等等。

三、基础教育改革存在的问题及改进措施

（一）教育评价改革

高考就是基础教育改革的指挥棒，它指到哪里，基础教育就发展到哪里。高考以一次性书面考试的方式评价学生和老师，以一次性书面考试的分数决定孩子的前途和命运，基础教育也就只能以提高学生的书面成绩作为自己的主要任务，任各种改革扫过校园，应试教育的主要目标在所有教育工作者心目中不敢也不能放松。为什么？因为，没有书面的应试成绩家长不答应，教育行政部门不答应，整个社会也不答应。

这种应试的教育考评方式和标准是否正确呢？我们的教育目标是，培养德、智、体、美、劳全面发展的社会主义建设者和接班人。应试教育能否实现学生德智体美劳全面发展呢？我们先来分析一下德智体美劳指什么。德，指道德品质；智的涵义是智慧、能力和知识；体，指身体素质和健康状况；美，指审美情趣、审美能力和创造美的能力；劳，指劳动意识和能力。由此可知，应试教育的评价方式只能评价学生"智育"中"知识"一项，而难以评价智慧和能力。更难以评价德、体、美和劳，因此，基于应试教育的基础教育仅注重提高孩子的书面知识，不注重甚至放弃了学生德、体、美、劳和能力的教育和提高。

应试教育的评价方式和标准难以达成我们的培养目标，因此，必须改革。为此，从2017年开始，高考把对学生的综合素质评价作为大学录取学生的标准之一，即高中毕业综合素质评价不及格高校不能录取，但是大家心知肚明，这种标准几乎形同虚设，非特殊情况，哪个学校和老师也不会把孩子的综合素质评价定为不合格等级。同样，高校在录取大学生时，高中的综合素质评价几乎不起作用。

进一步改革的措施是，进一步完善学生综合素质评价，评价中对学生德智体美劳五个方面的表现真实体现出来，且客观地划分出 ABCD 四个等级。高考录取新生时，不但要把高中学生的综合素质评价达标作为录取的前提，还要让其在高考成绩中占很大权重，大到高中师生把综合素质评价和高考分数同样重视的程度。即把各个等级再转化为分数计入高考成绩中。这样才可使得基础教育真正把德智体美劳全面发展作为教育教学的目标而采取有效的教育措施。

（二）课堂教学改革

应试教育的教育评价方式和标准指引着我们的课堂改革向着如何提高孩子的应试成绩的方向发展。如雨后春笋般的课堂改革模式，主要目的是通过调动学生学习积极性，提高课堂教学或者学习效率，这种效率指的是提高孩子应试成绩的效率。这些课堂教学改革的目标和效果没有指向我们培养德智体美劳全面发展的人的目标。这种课堂教学改革是服务于提高应试成绩的。

应试教育的形势或者应试教育评价方式转变到素质教育或者素质教育的评价方式上来，需要一个较为漫长的过程。但是，我们的培养目标需要实施素质教育才可以达成。在这个从应试教育向素质教育转变的过渡时期，在这个现实需要分数，未来需要素质的过渡时期，在这个教育评价需要分数，教育目标需要素质的过渡时期，我们只能分数与素质都要兼顾，即我们的课堂教学改革要在应试教育和素质教育之间寻找一个恰当的切合点，也就是寻找一种既能提高学生分数，同时又能提高学生素质的教学模式。山东省寨头堡学区的课堂教学改革——"问题引领，四步自学"学习模式就是这样一种模式。

（三）课程设置改革

近年来，课堂教学改革声势渐小，课程改革势头日渐迅猛。那么，基础教育课程是否需要改革呢？国家的基础教育课程是紧紧围绕培养德智体美劳全面发展的人的目标设置的，可以说，我们的基础教育课程不需要什么改革。基层学校进行的课程改革，也无非是把个学科课程标准上要求的，教材上已经有明确体现和安排的内容单独拿出来，然后放大补充，就成为一门课程。其实，国家召集专家学者和一线优秀教师共同编定的基础教育阶段课程是没有什么问题的，不需要进行改革。我们需要做的是把国家课程按规定开全开齐开好，尤其是不计入中考和高考的所谓小学科，如音、体、美、信息技术和各主要学科中涉及的综合实践活动等，要按课程标准保质保量开好，像对待语数英这些中、高考重点科目一样对待这些非中高考科目。

在教育评价暂时无法发生重大变革的情况下，教学改革和课程改革哪项更重要更迫切？答案是教学过程。为什么？因为国家课程设置本身没有什么问题，不需要改革；而教学过程，即教师怎么教和学生如何学，决定了学生在学习过程中到底是接受了应试教育还是素质教育，只有实施了素质教育的教学过程才可以实现我们的培养目标。我们采用满堂灌的形式进行教学，教学过程中只注重学生获取知识多少和考试成绩的优劣，其他方面根本不予顾及，那么，再好的课程也只能变成死知识，成为应试教育的对象，学生不可能获得全面发展。只有在教学过程中注重了学生自主学习的意识、习惯和能力及合作和创新意识与能力培养，才可以提高学生的综合素养，才是真正地实施素质教育，或者说兼顾了应试教育和素质教育，在两者之间找到了一个恰当的切合点。

综上所述，教育改革当务之急是改革教育评价，使教育评价完全指向我们的育人目标。如果教育评价的指向性正确了，那么，教学过程和课程设置我们根本不用去管，这两方面自然会自觉围绕育人目标去做。当然，教育评价改革，非一朝一夕之事，更非一校一方可以完成。需要国家下定决心，改革高考的方式和标准这个基础教育的指挥棒。素质教育是教育的最高追求，是社会发展的必然趋势，它不随人们的主观意志为转移。而素质教育的真正实施必须以改革"一考定终身"的现行高考制度和标准为前提。让我们一边脚踏实地地去做现实的教育，一边耐心等待并积极践行素质教育吧。

（此文原载于《天津教育》2019 年 7 月刊）

附录2

乡村振兴背景下义务教育均衡发展的策略

山东省乐陵市杨安镇学区　王志勇

摘要：

全国县域内城乡义务教育均衡发展工作马上就要结束，城乡义务教育基本均衡就要在我国全面实现。下一步，落实义务教育优质均衡发展就要拉开帷幕。那么，当前的教育均衡还存在哪些问题？今后的优质均衡切入点在哪里？答案是，师资尤其是优质师资问题，是当前教育均衡存在的最大问题，也是今后教育优质均衡的切入点。

关键词： 城乡　教育　均衡　师资

教育公平是社会公平的基础，城乡义务教育均衡发展是实现教育公平的基石。由于历史的原因，我国城乡教育存在巨大差距，因此，2005年5月25日，教育部下发《关于进一步推进义务教育均衡发展的若干意见》。从此，我国各级政府开始逐步采取多种措施，落实城乡义务教育均衡发展。

一、义务教育均衡化的基本情况

2016年7月，《国务院关于统筹推进县域内城乡义务教育一体化改革发展的若干意见》（国发〔2016〕40号）明确要求，加快推进县域内城乡义务教育学校建设标准统一、教师编制标准统一、生均公用经费基准定额统一、基本装备配置标准统一和"两免一补"政策城乡全覆盖。2016年，中央财政安排农村义务教育薄弱学校改造计划资金335.5亿元。截至2018年，全国有2379

个县（市、区）通过了义务教育均衡发展督导评估，占总县数的81%。有11个省（市），包括上海、北京、天津、江苏、浙江、广东、福建、吉林、安徽、山东、湖北等所有县全部实现了义务教育发展的基本均衡。

可以说，通过推进义务教育均衡发展，我国的义务教育学校，尤其是农村义务教育学校的硬件建设，发生了翻天覆地的变化。崭新的教学楼，标准的塑胶跑道和体育器械，高端的多媒体教学设备，齐全的功能室等等，令人意想不到地展现我们面前。现在，在农村最好的建筑是学校。在城乡建设仍然存在较大差距的今天，一所所漂亮的学校这些出现在农村广阔的大地上，让人眼前一亮的同时，不禁百感交集，感慨万千！在彻底改造农村学校硬件建设的同时，党和政府也在不断招聘大学毕业生补充到农村学校，来提升农村学校的师资水平。亿万农民打心眼儿里感谢党和国家对他们的实实在在的关怀！

二、农村学校存在的问题

通过落实义务教育均衡化，农村学校的硬件建设发生了巨大变化。同时，农村学校的一些内在问题也暴露出来，其中最为严重的，是城乡师资水平日益不均衡的问题。

（一）薄弱的师资与高端的硬件建设形成鲜明的反差

为了落实义务教育均衡发展，各地在不断专门为农村学校招聘新教师，以补充农村学校师资的严重不足，改变农村学校师资老化和由于历史遗留的民办教师问题造成的农村师资水平亟待提高的状况。然而，近几年城市化进程的加快，城区学校的规模和数量也急剧增加，城区学校师资也出现严重匮乏的现象。各地采取的补充城区学校师资的基本办法是，每年从农村学校大量考选优质教师进入城区学校任教。许多刚刚补充到农村学校没有几年的新聘年轻教师，通过几年的适应和锻炼，刚刚成为农村学校的骨干教师，就又被城区学校招走。农村学校变成了城区学校的师资培训基地，不但是那些打着为补充农村师资旗号招聘来的大部分青年教师很快被挖走，就连原来在农村任教多年的为数不多的优秀中年教师也借此机会考入城区学校。近几年，农村学校每年补充的新聘教师远不及考走及退休教师多，万般无奈之下，农村学校只能大量聘请代课教师和返聘退休教师。这样，农村学校师资匮乏和师资水平低的现象，在刚刚缓解几年后又重新出现，甚至比原来还严重。

崭新的教学楼，宽阔的校园，标准的仪器设备，和匮乏且低水平的师资队伍之间形成了鲜明的对比。

义务教育均衡简单地说主要包括三个方面，一是硬件设施的均衡；再是经费投入的均衡；三是师资队伍的均衡。实事求是地讲，各地义务教育基本均衡验收时，主要强调了硬件建设的均衡和达标，在师资队伍方面本来就要求不严，也就是，通过义务教育均衡验收的地方，师资队伍均衡本来就是勉强过关。验收通过后，农村大量优质师资调往城区，致使义务教育学校师资出现了严重的城乡不均衡现象。

学校的硬件建设、经费投入和师资水平对于学校发展来说，或者换句话说就是对于孩子接受教育来说，三者同样重要。如果非要把三者分出个孰重孰轻，那么，应该是师资水平重于硬件建设和经费投入。试想，学校建设得再好，经费再充足，没有优质的师资，没有人对孩子们施以优质教育，孩子们如何能接受优质教育？即使硬件建设和经费投入均衡了，师资不均衡，孩子们接受的教育也很难均衡。优质师资的大量流失，农村师资水平的低下，致使农村孩子难以接受优质教育，这是农村孩子大量挤入城区上学的一大原因。农村孩子大量涌入城区学校，又致使城区学校不断扩建，从而又不断从农村学校抢走优质师资。如此，循环往复，恶性循环。城乡教育的不均衡程度越来越严重。

（二）歧视性照顾造成城乡师资水平更加不均衡

近年来，有些事关教育的政策明文规定，有些"好事"不能落下农村学校，多少要给农村学校一点，美其名曰"向农村学校倾斜"。比如，关于特级教师的评选，各省都规定农村学校要占一定比例，如，2017年山东省第九批特级教师评选规定农村教师不低于总数的三分之一，2018年浙江省第十二批特级教师评选规定农村教师不低于总数的10%。再如，2019年山东省第三期齐鲁名师和第四期齐鲁名校长评选文件规定，农村学校教师、校长不低于总数的20%。众所周知，无论从某一区域来说，还是从全国范围看，农村学校和教师数量均占到学校和教师总数的三分之二，但是，有些评选项目，却明文规定农村学校不低于30%，甚至10%，这就是所谓"向农村学校倾斜"。所谓均衡，是平衡、等量、平均的意思。说白了，就是不偏向哪一方，一碗水端平。就某些评选来说，真正意义上的均衡和公平，是按学校和教师数量均衡分配名额。这种歧视性照顾人为地使农村学校拥有高端人才的机会和比例远远低于城区学校，使水平本来就低下的农村师资队伍与城区学校的差距越来越大。

三、解决问题的意见和建议

随着全国县域义务教育基本均衡发展的基本实现，下一步的目标就是义务教育的优质均衡。那么，如何巩固义务教育基本均衡的成果，把义务教育优质均衡落到实处，或者说，义务教育优质均衡的切入点或者说重点应该放在哪里？笔者认为，实现城乡师资水平真正意义上的均衡，应该是义务教育优质均衡要解决的重点问题。

（一）堵住农村优质师资大量流入城区学校的口子，把农村学校优质师资留在农村

各级党委政府和教育行政部门应深刻认识城乡义务教育均衡发展的重要意义，珍惜来之不易的义务教育均衡发展成果。城区学校扩张和数量增加需要的教师，要通过招聘大学毕业生的方式来补充。不要再把农村学校当作城区学校的教师培训基地，不要再去农村学校抢夺优质师资，不要再给师资本来就青黄不接的农村学校雪上加霜。各级政府和教育行政部门要把义务教育均衡发展提高到建设和谐社会的高度来认识，真正提高对"三农"问题的重视程度。真正认识扶智和扶志才是切断农村穷根的根本方法，而扶贫与扶志最根本的途径就是发展农村教育。

（二）提高农村教师待遇，让农村优质师资安心农村教育工作

实事求是地讲，在同一县域内，现在农村教师的工资待遇已经不低于甚至略好于城区教师，然而，农村教师仍然对城区学校趋之若鹜，不失时机地

想挤进城区学校，原因就是现在城区学校教师工作环境和生活条件仍然大大好于农村学校。再者，农村教师大部分都居住在城区，每天往返于城乡之间，非常辛苦，因此，从生活方便的角度看，农村教师也希望进入城区学校。有些学校虽然提供了教工宿舍楼（教工周转房），但农村基础设施的完备程度和居住环境还远不如城区，生活环境跟城区还是没法比。因此，要大幅度提高农村教师待遇，使农村教师感觉到在农村工作总体待遇要优于城区，这样才可以使他们安心农村教育工作。

首先，尽快落实农村教师职称政策。

当前，对工资待遇影响最大的两个方面，一个是教龄，一个是职称。所以，职称问题一直是中国教师心头最大的痛。各地已陆续出台农村教师满20年和30年教龄可以自然申报中级和高级教师的政策，但是，只有极少数地区落实了这项政策，大部分地区仍在观望，没有真正落实。希望各地区政府和教育、人事部门尽快落实这项政策，使农村教师看到职称晋升的希望，体会到农村教师在职称晋升方面的优势。

其次，落实和提高农村教师生活补贴政策，大幅度提升农村教师待遇。

当前，有些地区农村教师基本落实了人均几百元的交通补贴，比如山东省。但是，这几百元交通补贴都用在了每天往返城乡的路上，基本也是专款专用了。城区教师没有交通补贴，但不用每天奔波劳顿。因此，这几百元交通补贴远不足以补齐农村教师在工作和生活上与城区教师的差距。有些地区落实了农村教师生活补贴，有的地区根本没有落实。落实了该政策的地区补贴金额也太少，不足以吸引和留住农村优质师资安心农村教育工作。这需要各地政府大幅度提升农村教师生活补贴，提高农村教师待遇，以稳定农村教师终身从教于农村学校的决心和信心。

（三）加大农村高水平校长和教师培养，给农村教育发展注入生机和活力

一个好校长就是一所好学校，同样，几个好老师就可能带动一所学校的发展。从总体上看，农村学校的办学水平远低于城区学校，农村学校的发展急需一批高水平校长和教师的引领和带动。在高水平校长和教师培养方面，应

该把城乡教育摆在同等重要的位置，切实落实城乡教育均衡发展的政策。按城乡教师和校长比例分配高水平校长和教师的培养名额，摒弃歧视性照顾政策。尽可能多地为农村教育培养更多高水平校长和教师，给农村教育注入生机和活力，引领农村教育的发展。

（四）落实农村学校教科研政策，引领农村教师走科研兴校之路

教科研工作是农村学校的最大短板。农村学校师资水平普遍低于城区学校，农村教师普遍自认为不具有进行教科研的能力，对教科研既不感兴趣，又不敢尝试；同时，对教科研工作的重要性认识不足。这就需要教育行政部门加强对农村教师教科研工作的引领。首先，要加强对农村教师的教科研工作培训，使之充分认识教科研工作对学校发展和教育教学水平提高的意义。其次，各级教科研部门要在课题立项时向农村学校倾斜，根据农村学校和教师数量给农村学校批出专项指标，鼓励农村教师结合教育教学工作实际大胆进行教科研工作，提高农村学校的教育教学水平。

另外，在优质课评选、教学成果评选和教科研成果评选等工作中，要坚持城乡教育均衡发展的原则，根据农村教师数量，按比例给农村教师设定专项指标，甚至向农村学校倾斜。这里的倾斜，是指在农村教师按比例占到一定指标的前提下，再追加一定指标，而不是前面所讲的歧视性倾斜。要让农村教师，尤其是优秀教师体会到在农村学校可以享受到和城区学校同样的专业成长机会，甚至在农村学校有比城区学校更加广阔的成长舞台。

四、结语

以习近平总书记为领导的党中央，高度重视"三农"工作，尤其是农村贫困地区的脱贫工作。《中共中央　国务院关于坚持农业农村优先发展做好"三农"工作的若干意见》（2019年1月3日）指出，"今明两年是全面建成小康社会的决胜期，"三农"领域有不少必须完成的硬任务。党中央认为，在经济下行压力加大、外部环境发生深刻变化的复杂形势下，做好"三农"工作具有特殊重要性。必须坚持把解决好"三农"问题作为全党工作重中之重不动摇，进一步统一思想、坚定信心、落实工作，巩固发展农业农村好形势，发挥"三

农"压舱石作用，为有效应对各种风险挑战赢得主动，为确保经济持续健康发展和社会大局稳定、如期实现第一个百年奋斗目标奠定基础。""聚力精准施策，决战决胜脱贫攻坚""坚持扶贫与扶志扶智相结合"。

中央把三农问题作为中央一号文件来处理，同时，中央一号文件认为，解决好三农问题就是为"实现第一个百年奋斗目标奠定基础"。从这里可以看出，农村问题，当然包括农村教育问题，事关国家发展大局。扶贫要和扶智、扶志相结合，而实现扶智和扶志的根本途径就是教育。我们要把农村教育发展提高到关系全面决胜建成小康社会乃至中华民族伟大复兴的高度来认识。因此，城乡教育均衡发展意义重大，在下一步的义务教育优质均衡发展过程中，要聚焦农村教育存在的最严重问题——师资匮乏尤其是优质师资匮乏问题，把解决农村教育优质师资匮乏问题作为义务教育优质均衡发展的主要问题来抓，使农村孩子真真切切能够享受到与城区孩子同样的优质教育，把教育均衡落到实处，为全面决胜建成小康社会的目标和实现中华民族的伟大复兴奠定基础。

（此文原载于《西部素质教育》2020年4月刊）

后 记

当今中国，正处在一个伟大的时代，以习近平总书记为核心的党中央正带领全国各族人民，为实现中华民族的伟大复兴而奋勇前进。现在，我们的国家呈现出政治清明、社会稳定、经济发展、环境优美、人民幸福的太平盛世状态。说句实话，我真的为自己能够生活和工作在当下纯净的社会环境里而感到庆幸和欣慰。同时，我也觉得我们教育人应该珍惜当下，通过我们的努力，使我们所从事的教育事业能够顺应时代的发展，满足社会需要，为中华民族的伟大复兴贡献自己的一份力量。"国家兴亡，匹夫有责"，这句新中国成立前革命先驱们信奉的理念，当为所有中华儿女当下和永远的信念。

近年来，国家全面推行城乡义务教育均衡化，同时，进行教育教学改革，大力实施素质教育。现在，农村最好的建筑是学校，农村教师和城区教师一样，用上了现代化的教学设施；农村孩子和城区孩子一样，在漂亮的教学楼里学习，在宽阔的操场上游戏。然而，由于历史的和现实的原因，从应试教育向素质教育转变需要一个较为漫长的过程，尤其是涉及教育评价的问题，不能盲目地硬性改变，全体教育工作者、学生和家长甚至全社会都有一个认识和适应的过程。现在，我们的教育正处于一个由应试教育向素质教育过度的转型期，在这个转型期，作为学校和教育工作者应该如何去做，需要我们深入研究，因为教育是涉及千家万户的事情，是涉及培养我们社会主义事业建设者和接班人的大事。

作为一个从教三十年的"老"教育工作者，我一直有一个心愿，那就是，我们的每一个孩子在学校里都能够积极主动地接受教育，能够真正健康快乐地成长；我们的教育能够真正地因材施教，能够充分挖掘每一个孩子的优点和长处，能够多用几把不同的尺子衡量他们，能够根据每一个孩子的特点把他们都培养成为或者说允许他们成为有特点的有益于社会的人。

这些年来，一个教育工作者的责任感和良知一直在督促我，为了孩子的健康成长，为了祖国和民族的未来，要竭尽全力践行素质教育。因此，我带领我的老师们，从农村学校的实际出发，本着寻求应试教育和素质教育的有机契合点的目标，从课堂、课程、教师专业成长、学校管理、家校合作、学校文化等多方面进行了一系列教育教学改革的尝试，也取得了一些成果。

本书所写，是我多年来对教育的一些不成熟的思考和我带领我的农村学校的校长和老师们在教育教学改革这条路上做的一些尝试，在此与大家分享，希望与各位教育界同仁共勉，并请大家不吝赐教。

作　者